CAMBRIDGE LIBRARY COLLECTION

Books of enduring scholarly value

Archaeology

The discovery of material remains from the recent or the ancient past has always been a source of fascination, but the development of archaeology as an academic discipline which interpreted such finds is relatively recent. It was the work of Winckelmann at Pompeii in the 1760s which first revealed the potential of systematic excavation to scholars and the wider public. Pioneering figures of the nineteenth century such as Schliemann, Layard and Petrie transformed archaeology from a search for ancient artifacts, by means as crude as using gunpowder to break into a tomb, to a science which drew from a wide range of disciplines - ancient languages and literature, geology, chemistry, social history - to increase our understanding of human life and society in the remote past.

Ithaka,
der Peloponnes und Troja

Where is Troy? For Heinrich Schliemann (1822–90) the search for its exact location became a consuming passion. In 1869, when this book was first published, the existence of a real – as opposed to mythical – Troy was still disputed. The wealthy German businessman, linguist and speculator journeyed to Greece and Asia Minor in order to undertake excavations well before archaeology developed into a modern, scientific profession. This book describes his first expedition in 1868 to Corfu, Cephalonia, the Peloponnese and Ithaca. Schliemann was convinced that the mound of Hissarlik in Turkey was the site of Troy, and the golden artifacts of his 'treasury of Priam' persuaded the public of its historicity, though his destructive methods of excavation caused extensive damage to the site. Schliemann returned to Troy several times during the course of his career and published further books (also reissued in this series) about his discoveries.

Cambridge University Press has long been a pioneer in the reissuing of out-of-print titles from its own backlist, producing digital reprints of books that are still sought after by scholars and students but could not be reprinted economically using traditional technology. The Cambridge Library Collection extends this activity to a wider range of books which are still of importance to researchers and professionals, either for the source material they contain, or as landmarks in the history of their academic discipline.

Drawing from the world-renowned collections in the Cambridge University Library, and guided by the advice of experts in each subject area, Cambridge University Press is using state-of-the-art scanning machines in its own Printing House to capture the content of each book selected for inclusion. The files are processed to give a consistently clear, crisp image, and the books finished to the high quality standard for which the Press is recognised around the world. The latest print-on-demand technology ensures that the books will remain available indefinitely, and that orders for single or multiple copies can quickly be supplied.

The Cambridge Library Collection will bring back to life books of enduring scholarly value (including out-of-copyright works originally issued by other publishers) across a wide range of disciplines in the humanities and social sciences and in science and technology.

Ithaka, der Peloponnes und Troja

Archäologische Forschungen

HEINRICH SCHLIEMANN

CAMBRIDGE
UNIVERSITY PRESS

CAMBRIDGE UNIVERSITY PRESS

Cambridge, New York, Melbourne, Madrid, Cape Town, Singapore,
São Paolo, Delhi, Dubai, Tokyo

Published in the United States of America by Cambridge University Press, New York

www.cambridge.org
Information on this title: www.cambridge.org/9781108016827

© in this compilation Cambridge University Press 2010

This edition first published 1869
This digitally printed version 2010

ISBN 978-1-108-01682-7 Paperback

ITHAKA

DER PELOPONNES

UND

TROJA.

Th.Muller lith.

Imp.Lemercier et Cⁱᵉ Paris

ACROPOLIS VON ATHEN UND DAS THEATER VON HERODES

ITHAKA

DER PELOPONNES

UND

TROJA.

ARCHÄOLOGISCHE FORSCHUNGEN

VON

HEINRICH SCHLIEMANN.

Νῦν δὲ δὴ Αἰνείαο βίη Τρώεσσιν ἀνάξει
Καὶ παίδων παῖδες, τοί κεν μετόπισθε γένωνται.
ILIAS XX, 307—308.

NEBST 4 LITHOGRAPHIEEN UND 2 KARTEN.

LEIPZIG,

COMMISSIONS-VERLAG VON GIESECKE & DEVRIENT.

1869.

VORREDE.

Als ich im Jahre 1832 zu Kalkhorst, einem Dorfe in
Mecklenburg-Schwerin, im Alter von zehn Jahren, meinem
Vater als Weihnachtsgabe einen in schlechtem Latein ge-
schriebenen Aufsatz über die Hauptbegebenheiten des trojanischen Krieges und die Abenteuer des Odysseus und
Agamemnon überreichte, ahnte ich nicht, dass ich sechs-
unddreissig Jahre später dem Publikum eine Schrift über
denselben Gegenstand vorlegen würde, nachdem ich das
Glück gehabt hatte, mit eignen Augen den Schauplatz dieses Krieges und das Vaterland der Helden zu sehen, deren
Namen durch Homer unsterblich geworden sind.

Sobald ich sprechen gelernt, hatte mir mein Vater die
grossen Thaten der Homerischen Helden erzählt. Ich liebte
diese Erzählungen; sie entzückten mich, sie versetzten mich
in hohe Begeisterung. Die ersten Eindrücke, welche ein
Kind empfängt, bleiben ihm während seines ganzen Lebens,
und obgleich es mir bestimmt war, im Alter von vierzehn
Jahren in das Materialwaarengeschäft des Herrn E. Lud.
Holtz, in der kleinen mecklenburgischen Stadt Fürstenberg,
als Lehrling einzutreten, anstatt die wissenschaftliche Laufbahn zu verfolgen, für welche ich eine ausserordentliche
Neigung in mir verspürte; so bewahrte ich doch immer für

die berühmten Männer des Alterthums dieselbe Liebe, welche ich für sie in meiner ersten Kindheit gehegt hatte.

In dem kleinen Laden, in welchem ich fünf und ein halb Jahr thätig war, zuerst bei dem genannten Hrn. Holtz, dann bei seinem Nachfolger, dem vortrefflichen Hrn. Th. Hückstädt, bestand meine Beschäftigung darin, Heringe, Butter, Branntwein, Milch, Salz im Detail zu verkaufen, die Kartoffeln zum Destilliren zu mahlen, den Laden zu fegen u. s. w.; ich kam immer nur mit der niedern Klasse der Gesellschaft in Berührung.

Von fünf Uhr Morgens bis elf Uhr Abends war ich im Geschäft und hatte keinen freien Augenblick zum Studiren. Auch vergass ich schnell das Wenige, was ich in meiner Kindheit gelernt hatte, verlor aber trotzdem nicht die Lust zum Lernen; ja, ich verlor sie nicht, und werde mein Lebelang daran denken, wie eines Abends ein betrunkener Müllergesell in den Laden kam. Er war der Sohn eines protestantischen Pfarrers in einem Dorfe bei Teterow und hatte seine Studien auf dem Gymnasium beinahe beendigt, als er wegen schlechter Aufführung relegirt wurde. Um ihn dafür zu bestrafen, hatte der Vater ihn das Müllerhandwerk ergreifen lassen. Mit seinem Loose unzufrieden, hatte sich der junge Mann dem Trunke ergeben, der ihn indess nicht den Homer hatte vergessen lassen; denn er sagte uns aus ihm ungefähr hundert Verse mit Beobachtung des Rhythmus her. Obwohl ich kein Wort davon verstand, so machte doch diese klangvolle Sprache einen tiefen Eindruck

auf mich, und ich weinte bittere Thränen uber mein un-
glückliches Schicksal. Dreimal liess ich mir diese göttlichen
Verse wiederholen, indem ich ihm drei Gläser Branntwein
mit den wenigen Pfennigen, die mein ganzes Vermögen
ausmachten, bezahlte. Von diesem Augenblick an habe ich
nie aufgehört Gott zu bitten, es möchte mir durch seine
Gnade gelingen, noch griechisch zu lernen.

Indess war keine Hoffnung für mich vorhanden, aus der
traurigen und niedrigen Lage, in welcher ich mich befand,
herauszukommen. Und doch wurde ich wie durch ein Wunder daraus gerettet. Beim Aufheben eines zu schweren Fas-
ses beschädigte ich mir die Brust; ich spuckte Blut und war
nicht mehr fähig zu arbeiten. In meiner Verzweiflung ging
ich nach Hamburg, wo es mir gelang, mich als Schiffsjunge
an Bord eines nach Laguayra in Venezuela bestimmten
Schiffes anwerben zu lassen.

Am 28. November 1841 verliessen wir Hamburg, litten
aber am 12. December bei einem furchtbaren Sturme an
der Küste der Insel Texel Schiffbruch. Nach tausend Gefahren wurde die Mannschaft gerettet. Ich sah es als meine
Bestimmung an, in Holland zu bleiben und beschloss, nach
Amsterdam zu gehen und Soldat zu werden. Aber dies
ging nicht so rasch, als ich gedacht hatte. Einige Gulden,
welche ich auf der Insel Texel und zu Enkhuyzen als Al-
mosen zusammengebracht hatte, waren in Amsterdam in
zwei Tagen verthan. Da meine Hülfsquellen erschöpft waren, so stellte ich mich schwer krank und wurde ins Hospital

aufgenommen. Aus dieser schrecklichen Lage befreite mich
der brave Schiffsmakler J. F. Wendt aus Hamburg, welcher,
als er von meinem Unglück gehört hatte, mir den Ertrag
einer kleinen für mich veranstalteten Collecte übersandte.
Er empfahl mich zugleich dem vortrefflichen Generalconsul
der Nord-Conföderation in Amsterdam, Herrn W. Hepner,
der mir eine Stelle als Büreaudiener bei Hrn. F. C. Quien
verschaffte.

In meiner neuen Stellung war meine Beschäftigung,
Wechsel stempeln zu lassen und sie in der Stadt einzucas-
siren, Briefe nach der Post zu tragen und von dort zu holen.
Diese maschinenmässige Beschäftigung gefiel mir, weil sie
mir Zeit liess, an meine vernachlässigte Erziehung zu denken.

Zuerst bemühte ich mich, leserlich schreiben zu lernen,
und machte mich sofort, um meine Lage zu verbessern, an
das Studium der neuern Sprachen. Mein Gehalt belief sich
jährlich nur auf 800 Franken, von welcher Summe ich die
Hälfte für meine Studien verausgabte; von der andern
Hälfte lebte ich, aber freilich kümmerlich. Meine Wohnung, welche monatlich 8 Franken kostete, war eine elende
Dachstube ohne Ofen, in welcher ich im Winter vor Kälte
zitterte und im Sommer von der Hitze gesengt wurde;
mein Frühstück bestand aus einem Brei von Roggen-
mehl, meine Mittagsmahlzeit kostete niemals mehr als vier
Dreier. Aber nichts spornt mehr zum Studium an, als das
Elend und die gewisse Aussicht, durch angestrengtes Arbeiten sich aus demselben befreien zu können. Mit ausser-

ordentlichem Eifer ging ich an das Studium der englischen
Sprache. Die Nothwendigkeit wies mich auf eine Methode
hin, welche das Sprachstudium ungemein erleichtert. Diese
Methode besteht darin, viel mit lauter Stimme zu lesen,
keine Uebersetzungen zu machen, alle Tage eine Stunde
zu nehmen, immer Ausarbeitungen über uns interessante
Gegenstände niederzuschreiben, diese unter der Aufsicht
des Lehrers zu verbessern, auswendig zu lernen und in der
nächsten Stunde aufzusagen, was man am Tage vorher ver-
bessert hat. Mein Gedächtniss war schlecht, weil es von
Kindheit an nicht geübt worden war; aber ich benutzte
jeden Augenblick und stahl sogar Zeit zum Lernen. Niemals machte ich meine Gänge, selbst bei Regen, ohne mein
Heft in der Hand zu haben und auswendig zu lernen; niemals wartete ich an der Post, ohne zu lesen. Auf diese
Weise stärkte ich allmälig mein Gedächtniss, und es gelang
mir, in Zeit von einem halben Jahre die englische Sprache
gründlich zu lernen. Nun wandte ich dieselbe Methode auf
das Studium des Französischen an, dessen Schwierigkeiten
ich ebenfalls in einem andern halben Jahre bewältigte.
Diese angestrengten und übermässigen Studien hatten mein
Gedächtniss innerhalb eines Jahres in einem solchen Grade
gestärkt, dass mir das Studium des Holländischen, Spanischen, Italienischen und Portugiesischen sehr leicht erschien,
und ich hatte nicht nöthig, mehr als sechs Wochen auf jede
dieser Sprachen zu verwenden, um sie geläufig zu sprechen
und zu schreiben. Aber meine Leidenschaft für das Stu-

diren liess mich meine maschinenmässige Beschäftigung als Büreaudiener vernachlässigen, besonders als ich anfing sie als meiner unwürdig anzusehen. Doch wollten meine Vorgesetzten mich nicht befördern; sie glaubten wahrscheinlich, dass ein Mensch, der seine Unfähigkeit für die Beschäftigung eines Büreaudieners beweise, ebendeshalb zu einer höheren Leistung ganz untauglich sei.

Endlich hatte ich das Glück, durch die Fürsprache meiner braven Freunde, L. Stoll aus Mannheim und Ballauff aus Bremen, eine Stelle als Correspondent und Buchführer im Büreau der Herren B. H. Schröder u. Comp. in Amsterdam zu erhalten, welche mich mit einem Gehalt von 1200 Franken engagirten; als sie aber meinen Eifer sahen, zahlten sie mir, um mich anzuspornen, 2000 Fr. — Diese Grossmuth, für welche ich denselben ewig dankbar sein werde, begründete in der That mein Glück. Da ich nämlich glaubte, dass ich mich vielleicht durch die Kenntniss der russischen Sprache noch nützlicher machen könnte, beeilte ich mich, auch diese zu lernen. Ich konnte mir aber von russischen Büchern nur eine alte Grammatik, ein Lexicon und eine schlechte Uebersetzung des *Telemach* verschaffen. Trotz aller meiner Nachfragen konnte ich keinen Lehrer des Russischen finden, denn Niemand in Amsterdam verstand ein Wort von dieser Sprache. Ich machte mich also daran, ohne Lehrer zu studiren, und mit Hülfe der Grammatik lernte ich in einigen Tagen die russischen Buchstaben und ihre Aussprache. Dann fing ich an, meiner alten Methode

folgend, kleine Geschichten eigner Ausarbeitung russisch
niederzuschreiben und auswendig zu lernen. Da ich Niemand hatte, der meine Arbeiten corrigirte, so waren sie
jedenfalls herzlich schlecht; aber ich suchte zu gleicher Zeit
mich durch praktische Uebung zu corrigiren, indem ich den
Telemach auswendig lernte. Ich glaubte, dass ich mehr
Fortschritte machen würde, wenn ich Jemand bei mir hätte,
dem ich die Abenteuer des *Telemach* erzählen könnte. Zu
diesem Zwecke miethete ich für wöchentlich vier Franken
einen armen Juden, der jeden Abend kommen musste, um
zwei Stunden hindurch meine russischen Vorträge anzuhö-
ren, von denen er nicht eine Sylbe verstand.

Da die Zimmerdecken in Holland aus einfachen Brettern
bestehen, so hört man im Erdgeschoss, was im dritten Stock
gesprochen wird. Meine mit lauter Stimme gehaltenen Vorträge belästigten daher die andern Miether sehr, welche sich
beim Hausbesitzer beklagten; und zweimal während meines
Studiums der russischen Sprache zwang man mich auszu-
ziehen. Aber diese Unannehmlichkeiten schwächten meinen
Eifer nicht, und nach Verlauf von sechs Wochen schrieb ich
meinen ersten russischen Brief an einen Russen in London und
war im Stande, mich mit den russischen Kaufleuten, welche
nach Amsterdam zur öffentlichen Versteigerung des Indigo
gekommen waren, in dieser Sprache geläufig zu unterhalten.

Nachdem ich das Studium der russischen Sprache beendet hatte, fing ich an, mich ernstlich mit den Literaturen
der erlernten Sprachen zu beschäftigen.

Im Anfang des Jahres 1846 sandten mich meine braven Vorgesetzten als Agenten nach St.-Petersburg, wo ich ein Jahr später ein Handlungshaus für meine eigne Rechnung gründete; aber während der ersten acht oder neun Jahre, welche ich in Russland verlebte, war ich mit Arbeiten dermassen überladen, dass ich meine Sprachstudien nicht fortsetzen konnte, und erst im Jahre 1854 wurde es mir möglich, das Schwedische und Polnische zu erlernen.

So gross auch mein Wunsch war, des Griechische zu lernen, so wagte ich doch das Studium desselben nicht eher zu beginnen, als bis ich einen gewissen Wohlstand erreicht hätte; denn ich fürchtete, dass diese Sprache einen zu grossen Reiz auf mich ausüben und mich dem Handel entfremden würde. Als ich indess meiner Lernbegierde nicht mehr widerstehen konnte, machte ich mich endlich im Januar 1856 rüstig daran, zuerst mit Herrn N. Pappadakes, und dann mit Herrn Th. Vimpos aus Athen, indem ich immer meiner alten Methode folgte. Ich gebrauchte nicht mehr als sechs Wochen, um die Schwierigkeiten des Neugriechischen zu bewältigen, und machte mich darauf an die alte Sprache, welche ich in drei Monaten hinreichend erlernte, um einige der alten Schriftsteller, und besonders Homer, zu verstehen, den ich mit dem lebendigsten Enthusiasmus las und wieder las.

Hierauf beschäftigte ich mich zwei Jahre hindurch ausschliesslich mit der altgriechischen Literatur und las während dieser Zeit fast alle alten Schriftsteller cursorisch, und mehrmals die Iliade und Odyssee.

Im Jahre 1858 bereiste ich Schweden, Dänemark, Deutschland, Italien und Aegypten, wo ich den Nil bis zum zweiten Katarakt in Nubien hinauffuhr. Ich benutzte diese Gelegenheit zur Erlernung des Arabischen und durchreiste darauf die Wüste von Cairo bis Jerusalem. Ich besuchte Petra, durchreiste ganz Syrien und hatte auf diese Weise hinlänglich Gelegenheit, die arabische Sprache praktisch zu erlernen, deren tieferes Studium ich in der Folge zu St. Petersburg betrieb. Nächst Syrien besuchte ich im Sommer 1859 Athen, und war eben im Begriff, nach der Insel Ithaka abzureisen, als ich in eine Krankheit verfiel und gezwungen wurde, nach St.-Petersburg zurückzukehren.

Der Himmel hatte meine Handelsunternehmungen auf wunderbare Weise gesegnet, so dass ich am Ende d. J. 1863 mich im Besitz eines Vermögens befand, nach welchem zu streben mein Ehrgeiz niemals gewagt hatte. Ich zog mich daher vom Handel zurück, um mich ausschliesslich den Studien, welche den grössten Reiz für mich haben, zu widmen.

Im Jahre 1864 war ich auf dem Wege, das Vaterland des Odysseus und die Ebene von Troja zu besuchen, als ich mich veranlassen liess, Indien, China und Japan zu besuchen und die Reise um die Welt zu machen. Auf dieser Reise brachte ich zwei Jahre zu, und nach meiner Rückkehr im Jahre 1866 liess ich mich in Paris nieder, um meine übrige Lebenszeit den Wissenschaften zu widmen und mich vorzugsweise mit der Archäologie zu beschäftigen, welche Wissenschaft den grössten Reiz für mich hat.

Endlich konnte ich den Traum meines ganzen Lebens verwirklichen und mit Musse den Schauplatz der Begebenheiten, welche mir ein so grosses Interesse eingeflösst hatten, und das Vaterland der Helden besuchen, deren Abenteuer meine Kindheit entzückt und getröstet haben. Ich reiste also im verflossenen Sommer ab und besuchte nacheinander die Gegenden, in welchen noch so lebendige poetische Erinnerungen an das Alterthum vorhanden sind.

Doch hatte ich keineswegs den Ehrgeiz, eine Studie über diesen Gegenstand zu veröffentlichen: ich entschloss mich erst dann dazu, als ich fand, welche Irrthümer fast alle Archäologen über die einst von der Homerischen Hauptstadt Ithaka's eingenommene Stelle, über die Ställe des Eumäus, die Insel Asteris, das alte Troja, die Grabhügel der Batieia und des Aesyetes, das Grab des Hektor u. s. w. verbreitet haben.

Abgesehen von der Hoffnung, Meinungen, welche ich für irrthümlich halte, zu berichtigen, würde ich mich glücklich schätzen, dazu beitragen zu können, unter dem intelligenten Publicum Geschmack an den schönen und edlen Studien zu verbreiten, welche meinen Muth in den harten Prüfungen meines Lebens aufrecht erhalten haben und mir die Tage, welche ich noch zu leben habe, versüssen werden.

PARIS, den 31. December 1868.

Heinrich Schliemann.
6 Place St.-Michel.

INHALT.

*) So ist auch S. 114 in der Inhaltsangabe zu lesen.

SECHZEHNTES KAPITEL.

SIEBZEHNTES KAPITEL.

ACHTZEHNTES KAPITEL.

NEUNZEHNTES KAPITEL.

ZWANZIGSTES KAPITEL.

EINUNDZWANZIGSTES KAPITEL.

ZWEIUNDZWANZIGSTES KAPITEL.

*) So ist auch S. 206 in der Inhaltsangabe zu lesen.

ARCHÄOLOGISCHE FORSCHUNGEN.

ERSTES KAPITEL.

KORFU.

Identität Korfu's mit dem Homerischen Scheria. — Etymologie des Wortes Korfu. — Geschichte der Insel. — Die beiden kleinen zwei Schiffen ähnlichen Inseln. — Paläopolis. — Die beiden Homerischen Häfen. — Κρεσσίδα Βρύσις. — Die Waschgruben der Nausikaa. — Alte Inschrift. — Es fehlt an Grenzlinien zwischen den Besitzungen auf Korfu.

Den 6. Juli, 6 Uhr Morgens, kam ich in Korfu, der Hauptstadt der gleichnamigen Insel, an und verweilte daselbst zwei Tage, um das Land zu besichtigen.

Nach dem einstimmigen Zeugniss des Alterthums ist Korfu die Insel *Scheria* oder das *Phäakenland* des Homer (*Odyssee* V, 34); die Insel wurde wegen ihrer Aehnlichkeit mit der Sichelgestalt auch *Drepane*, Δρεπάνη, genannt (*Apollonius* IV, 983; *Plinius* IV, 19).

Das Wort *Scheria* kommt ohne Zweifel von dem phönicischen *schera*, Handel, her, und da der Name der Phäaken auch grosse Aehnlichkeit mit demjenigen der Phönicier,

„Φοίνικες", hat, so ist es wahrscheinlich, dass die Phäaken
phönicischen Ursprungs waren, obgleich nach Homers Angaben sie der dem Lande der Cyklopen benachbarten Landschaft *Hyperien* entstammten (*Odyssee* VI, 3—8).

> Βῆ ῥ᾽ ἐς Φαιήκων ἀνδρῶν δῆμόν τε πόλιν τε ·
> Οἵ πρὶν μέν ποτ᾽ ἔναιον ἐν εὐρυχόρῳ ῾Υπερείη,
> Ἀγχοῦ Κυκλώπων, ἀνδρῶν ὑπερηνορεόντων,
> Οἵ σφεας σινέσκοντο, βίηφι δὲ φέρτεροι ἦσαν.
> Ἔνθεν ἀναστήσας ἄγε Ναυσίθοος θεοειδής,
> Εἷσεν δ᾽ ἐν Σχερίῃ, ἑκὰς ἀνδρῶν ἀλφηστάων.

„Sie ging in die Stadt und unter das Volk der Phäaken. Diese wohnten früher in den weiten Gefilden Hype-
riens, in der Nähe der Cyklopen, der übermüthigen Männer,
die ihre Felder plünderten und sie an Stärke übertrafen.
Der göttliche Nausithoos liess sie von dort auswandern und
in Scheria, fern von den räuberischen Menschen, ihren
Wohnsitz nehmen."

Die Cyklopen müssen die Ostküste Siciliens bewohnt
haben. In der That sieht man am Meeresufer, in der Nähe
von Catania, eine ungeheuere Grotte, und neben dem Eingang einen mächtigen Felsblock von derselben Grösse wie
die Oeffnung. In geringer Entfernung vom Meere erheben sich in Kegelgestalt zwei Felsen. Das ist gewiss die
Grotte, welche Polyphem bewohnte, der Felsblock, mit welchem er sie verschloss, und die beiden Felsengipfel im
Meere, welche er ausriss und in der Richtung schleuderte,
wo er die Stimme des Odysseus vernahm (*Odyssee* IX). —
Man verlegt Hyperien, die alte Heimath der Phäaken, an
die Südküste Siciliens, an die Stelle, wo sich späterhin Ca-

marina befand, welches in der That von Catania nicht weit
entfernt ist.

Der gegenwärtige Name Korfu oder Korcyra ist eine
Verderbung des byzantinischen Namens der Insel, Κορυφώ,
hergeleitet von den zwei hohen Spitzbergen, auf welchen
die Festung erbaut ist. Dies sind wahrscheinlich die luf-
tigen Burgen der Phäaken, *aëriae Phaeacum arces*, von
denen Virgil spricht (*Aeneïs* III, 291). Die Griechen nennen
die Insel „Κέρκυρα", welchen Namen man schon bei Herodot (III, 48) findet; Strabo nennt sie „Κόρκυρα", während
sie auf den alten Münzen den Namen „Κέρκυρα" führt.

Sie liegt Chaonien, einem Theile von Epirus, gegenüber,
und wird davon durch einen Kanal getrennt, welcher im
Norden eine Breite von noch nicht 4 Kilometer hat; dieser
erweitert sich und bildet einen Golf, welcher an mehreren Stellen 24 Kilometer breit ist; alsdann verengt er
sich wieder bis auf 7 Kilometer.

Die Länge Korfu's beträgt 65, die Breite 7 bis 34 Kilometer.

Die Insel ist sehr gebirgig; der höchste Berg, auf
Italienisch *San-Salvatore* und auf Griechisch *Pantaleon*
genannt, erhebt sich mehr als 1000 Meter über dem Meeresspiegel. Schon im Alterthume war sie wegen ihrer Frucht-
barkeit berühmt. Xenophon spricht davon in seiner Griechischen Geschichte (VI, 2): „Er eroberte das Land, ver-
wüstete die herrlich angebauten Ländereien und plünderte
die prächtigen Häuser und die Weinpflanzungen auf den
Feldern, sodass die Soldaten durch Wohlleben so verwöhnt
wurden, dass sie nur noch gewürzte Getränke trinken
wollten."

Nach Strabo (VI, 2) landete Archias, der Gründer von

1

Syrakus, auf Korfu und liess dort den Chersikrates, einen
Herakliden, zurück, welcher die Liburner, die damaligen
Bewohner der Insel, vertrieb, die Stadt Korcyra erbaute
und mit Korinthern bevölkerte. Dies geschah wahrscheinlich im Jahre 734 v. Chr., in welchem Jahre Syrakus gegründet wurde.

Die Kolonie lebte von Anfang an in Zwietracht mit dem
Mutterlande, und nach Thukydides (I, 13) wurde die erste
bekannte Seeschlacht zwischen den Korinthern und Korcy-
räern 260 Jahre früher, als er sein Geschichtswerk schrieb,
geliefert. Nehmen wir nun an, dass er i. J. 405, nach dem
Ende des peloponnesischen Krieges, schrieb, so wird die
genannte Schlacht i. J. 665 v. Chr. stattgefunden haben.

Durch ihren Handel und ihre Industrie wurde die Kolonie so mächtig, dass sie i. J. 617 v. Chr. die Stadt Epidam-
nus an der illyrischen Küste gründete.

Korcyra war die Ursache des peloponnesischen Krieges,
an welchem es einen sehr thätigen Antheil nahm; aber seine
Macht schwand in den unheilvollen Kriegen, welche dem
Tode Alexanders des Grossen folgten, sehr schnell dahin,
und die Insel war glücklich, sich i. J. 220 v. Chr. unter den
Schutz Roms begeben zu können.

Zwei kleine Inseln, die eine im jetzigen Hafen, die
andere in dem kleinen Golf an der Nordküste der Insel,
sind, aus der Ferne gesehen, Schiffen mit aufgespannten
Segeln sehr ähnlich. Ohne Zweifel hat eine von diesen
kleinen Inseln bei Homer die Vorstellung erweckt, dass
das Phäakenschiff, welches den Odysseus nach Ithaka
getragen hatte, auf seiner Rückkehr durch den Zorn des
Neptun in einen Felsen verwandelt worden sei (*Odyssee*
XIII, 159—164).

Αὐτὰρ ἐπεὶ τόγ᾽ ἄκουσε Ποσειδάων ἐνοσίχθων,
Βῆ ῥ᾽ ἴμεν ἐς Σχερίην, ὅθι Φαίηκες γεγάασιν.
Ἔνθ᾽ ἔμεν᾽· ἡ δὲ μάλα σχεδὸν ἤλυθε ποντοπόρος νηῦς,
Ῥίμφα διωκομένη· τῆς δὲ σχεδὸν ἦλθ᾽ Ἐνοσίχθων,
Ὅς μιν λᾶαν ἔθηκε, καὶ ἐρρίζωσεν ἔνερθεν,
Χειρὶ καταπρηνεῖ ἐλάσας· ὁ δὲ νόσφι βεβήκει.

„Als nun Poseidon, der erderschütternde Gott, dies gehört hatte, eilte er nach Scheria, dem Wohnsitz der Phäaken. Dort verweilte er, und bald nahete das rasch dahin
getriebene Schiff: der Erderschütterer näherte sich dem
Schiffe und verwandelte es in Stein, und indem er mit der
flachen Hand darauf schlug, befestigte er es im Grunde des
Meeres; darauf ging er von dannen."

Nach den Andeutungen, welche uns Homer in den folgenden Versen der *Odyssee* (VI, 262—264) giebt:

Αὐτὰρ ἐπὴν πόλιος ἐπιβείομεν, — ἣν πέρι πύργος
Ὑψηλός, καλὸς δὲ λιμὴν ἑκάτερθε πόληος,
Λεπτὴ δ᾽ εἰσίθμη· νῆες δ᾽ ὁδὸν ἀμφιέλισσαι
Εἰρύαται.

„Aber wenn wir nach der Stadt gehen — sie ist von
einer hohen Mauer umgeben, und auf jeder Seite befindet sich ein schöner Hafen mit einem engen Eingang,
und die wohlberuderten Schiffe werden auf beiden Seiten
des Weges ans Ufer gezogen;" —

nach diesen Andeutungen, sage ich, findet man leicht die
alte Stadt der Phäaken, an der Ostküste, auf einer *Paläopolis* genannten Halbinsel, im Süden der neuen Stadt Korfu.
Von den beiden von Homer erwähnten Häfen trennt

der eine, jetzt Golf von Kastrades genannt, die Halbinsel
von dem Vorgebirge, auf welchem die neue Festung liegt;
der andere, Peschiera oder See von Kalichiopulos genannt,
ist ein kleiner Golf, der die Halbinsel von der Küste
durch einen engen Kanal trennt, welchen Homer vollkommen genau mit den Worten: „λεπτὴ εἰσίθμη" (enger Eingang) bezeichnet. Dieser letztere Hafen ist ohne Zweifel
der „Ὑλλαϊκὸς λιμήν" (der Hylläische Hafen), den Thukydides erwähnt, und der Golf von Kastrades der „λιμὴν πρὸς
τῇ ἀγορᾷ" (Hafen am Marktplatz) (*Thukyd.* III, 72).

Da nach demselben Schriftsteller die alte Akropolis in
der Nähe des Hylläischen Hafens war, so musste sie am
äussersten Ende der Halbinsel, im Süden der alten Stadt
liegen. Man sieht dort noch Ruinen von alten, sehr dicken
Mauern, welche gar wohl der alten Citadelle angehört haben können; weiterhin die Reste eines kleinen dorischen
Tempels.

Vom Palaste des Alkinoos ist keine Spur mehr vorhanden;
nach meiner Ansicht lag er auf einer Hochebene der Halbinsel, am südlichen Ende der alten Stadt, und gerade
an der Stelle, wo sich gegenwärtig das königliche Schloss
befindet; denn Nausikaa sagt zu Odysseus da, wo sie vom
Palast des Königs, ihres Vaters, spricht: „Ῥεῖα δ' ἀρίγνωτ'
ἐστί, καὶ ἂν παῖς ἡγήσαιτο νήπιος" (er ist leicht zu erkennen,
und ein unmündiges Kind könnte dich führen) (*Odyssee*
VI, 300). Den örtlichen Verhältnissen nach kann der königliche Palast kaum anderswo gelegen haben.

Ueberall, wo man den Boden an der Stelle der alten
Stadt aufgräbt, findet man behauene Marmorblöcke und hie
und da Gräber mit Urnen; indess sind die Ausgrabungen bis jetzt mit so schwachen Hülfsmitteln und so wenig

Energie unternommen worden, dass sie keine bedeutenden
Resultate haben liefern können. Vor Kurzem hat man das
Fundament einer Säule mit folgender Inschrift gefunden:

ΥΤϚ⊓ƎΜϚƎΜΟϚƎƎΡΜΫΘΤΜΟƎ⫣ΑᛜΜƎƎΛ⫣ΑΤΜ
ϜΟΣ

Nach der Mittheilung des Demarchen liest man sie in
Korfu auf folgende Weise: Στάλα Ξενάρεος τοῦ Μειξίος εἰμ᾽
ἐπὶ τύμῳ.

Hr. Egger, Mitglied des Institut de France, giebt im
Jahresbericht der Sitzungen der Académie des Inscriptions,
December 1866 (p. 393), folgende Uebersetzung der In-
schrift: „Ich bin der Pfeiler (gestellt) auf das Grab des
Xenares (Sohn?) des Mexis.“

Vergleiche den Jahresbericht der Sitzungen vom Juli
1867, p. 158.

Thukydides (III, 70, 75, 81) führt unter den öffentlichen
Gebäuden der Stadt die Tempel des Alkinoos, der Dios-
kuren, des Bacchus, der Juno und des Jupiter auf: die
Stadt muss also prachtvoll gewesen sein, und ich glaube,
dass gut geleitete Nachgrabungen sich reichlich lohnen
würden.

Die Tradition bezeichnet einen grossen Bach, Kressida-
Quell, „Κρεσσίδα Βρύσις“ genannt, welcher sich von Westen
her in den See Kalichiopulos ergiesst, als den Fluss, an
dessen Ufer Nausikaa mit ihren Mägden die Wäsche wusch,
und wo sie den Odysseus empfing.

Die Tochter des Königs Alkinoos ist einer der edelsten
Charaktere, welche uns Homer gezeichnet hat. Die Ein-
fachheit ihrer Sitten hat immer einen ausserordentlichen

Zauber auf mich ausgeübt; und ich war kaum in Korfu
ans Land gestiegen, so eilte ich nach Κρεσσίδα Βρύσις, um
den Ort zu besichtigen, welcher der Schauplatz einer der
rührendsten Scenen der Odyssee gewesen ist.

Mein Führer geleitet mich zu einer an einem kleinen
Fluss, 1 Kilometer von seiner Mündung erbauten Mühle:
von da bin ich gezwungen zu Fusse zu gehen. Aber kaum
habe ich hundert Schritte gethan, so stosse ich auf Hindernisse. Rechts und links vom Flusse hat man für die Bedürfnisse der Bewässerung Kanäle gegraben, welche zu
breit sind, um hinüber springen zu können. Ausserdem
sind die Felder theilweise unter Wasser gesetzt. Aber
diese Schwierigkeiten steigern nur mein Verlangen, vorwärts zu gehen. Ich entkleide mich bis auf's Hemde und
lasse meine Kleider unter der Obhut meines Führers. So
gehe ich immer den kleinen Fluss entlang, oft bis an die
Brust im Wasser und im Schlamm der Kanäle und über-
schwemmten Felder. Endlich, nach einer halben Stunde
beschwerlichen Marsches, sehe ich zwei grosse, plump behauene Steine, welche die Tradition als den Waschplatz
der Einwohner der alten Stadt Korcyra bezeichnet, und als
den Ort, wo Nausikaa mit ihren Dienerinnen die Wäsche
gewaschen und den Odysseus empfangen hat.

Die örtliche Lage entspricht vollkommen der Beschrei-
bung Homer's; denn Odysseus landet an der Mündung des
Flusses (*Od.* V, 460—464). Nausikaa kommt mit ihren
Mägden zu den Waschgruben am Flusse (*Od.* VI, 85—87).

Αἱ δ᾽ ὅτε δὴ ποταμοῖο ῥόον περικαλλέ᾽ ἵκοντο,
Ἔνθ᾽ ἤτοι πλυνοὶ ἦσαν ἐπηετανοί, πολὺ δ᾽ ὕδωρ
Καλὸν ὑπεκπρορέει, μάλα περ ῥυπόωντα καθῆραι.

„Als sie zu dem reizenden Strome kamen, wo Waschgruben immer voll von klarem und reichlichem Wasser
waren, das alle Flecken reinigt....."

Diese Waschgruben mussten sich nothwendig dicht am
Meere befinden; denn nachdem Nausikaa und ihre Dienerinnen die Wäsche gewaschen haben, breiten sie dieselbe
auf den Kieselboden längs des Meeresufers, um sie zu
trocknen (Od. VI, 93—95).

Αὐτὰρ ἐπεὶ πλῦνάν τε κάθηράν τε ῥύπα πάντα,
Ἑξείης πέτασαν παρὰ θῖν᾽ ἀλός, ἧχι μάλιστα
Λαΐγγας ποτὶ χέρσον ἀποπλύνεσκε θάλασσα.

„Aber nachdem sie gewaschen und alle Flecken gerei-
nigt, breiten sie die Kleider längs des Gestades aus, wo das
Meer die meisten Kiesel ans Land gespült hat."

Darauf baden sie, salben sich, speisen und alsdann spie-
len sie Ball.

„Die Fürstin, welche den Ball nach einer ihrer Dienerinnen wirft, verfehlt ihr Ziel; der Ball fällt in die
Strömung des Flusses; die jungen Mädchen erheben ein
lautes Geschrei, worüber Odysseus erwacht (Od. VI,
115—117)."

Σφαῖραν ἔπειτ᾽ ἔρριψε μετ᾽ ἀμφίπολον βασίλεια·
Ἀμφιπόλου μὲν ἅμαρτε, βαθείη δ᾽ ἔμβαλε δίνῃ·
Αἱ δ᾽ ἐπὶ μακρὸν ἄϋσαν — ὁ δ᾽ ἔγρετο δῖος Ὀδυσσεύς.

Hieraus folgt, dass die Stelle, wo Odysseus im Ge-
büsch neben der Mündung des Flusses sich gelagert hatte,
ganz dicht bei den Waschgruben und dem Ufer war, wo
die Mädchen Ball spielten.

Ueber die Identität dieses Flusses mit dem Homerischen kann kein Zweifel obwalten, denn er ist der einzige Fluss in der Umgegend der alten Stadt. In der That giebt es auf der ganzen Insel nur noch einen andern Fluss; aber dieser befindet sich 12 Kilometer vom alten Korcyra, während die Κρεσσίδα Βρύσις nur 3 Kilometer davon entfernt ist.

Ohne Zweifel führte im Alterthum ein Fahrweg von der alten Stadt zu den Waschgruben; aber jetzt sind die Felder bebaut, und es ist keine Spur von diesem Wege mehr übrig.

Ich durchwanderte Korfu nach allen Richtungen, und war sehr erstaunt darüber, dass nirgends eine Umzäunung oder ein anderes Grenzzeichen zwischen den Besitzungen vorhanden ist. Das Ganze erscheint als ein einziger ungeheurer Garten von Olivenbäumen, Cypressen und Weinstöcken, und die Abwechselung der Erhebungen und Senkungen des Bodens ist so plötzlich und häufig, dass sie der Landschaft einen unaussprechlichen Reiz verleihen.

Aber die Pflege der Wissenschaften steht leider mit dem Anbau des Bodens bei Weitem nicht auf gleicher Höhe, und ich wage die Behauptung, dass von 50 Menschen kaum einer lesen und schreiben kann. Die Unwissenheit des Volks ist die Ursache der Verderbung ihrer stark mit italienischen, spanischen und türkischen Wörtern gemischten Sprache.

ZWEITES KAPITEL.

KEPHALONIA.

Ankunft in Argostoli, der Hauptstadt von Kephalonia. — Sehr merk-
würdiges Phänomen von zwei Meeresströmungen, welche sich am
Ufer in unterirdische Gänge verlieren und zwei Mühlen treiben.
— Geschichte von Kephalonia. — Seine Produkte. — Samos, ein
elendes, auf den Ruinen der alten Hauptstadt erbautes Dorf. — Die
Akropolis.

Den 7. Juli am Abend fuhr ich mit dem Dampfboot
der hellenischen Gesellschaft nach Argostoli, auf der Insel
Kephalonia, wo ich am folgenden Tage $5^{1}/_{2}$ Uhr Morgens
ankam.

Am Eingang des Hafens beobachtet man ein sehr merk-
würdiges Phänomen, welches ganz gegen die Ordnung der
Natur zu sein scheint: denn, während sich sonst die Flüsse
vom Lande ins Meer ergiessen, ergiesst sich hier das Meer
an zwei Stellen in das niedrige, ausgehöhlte Ufer in starken Strömungen, welche sich in unterirdische Gänge verlieren. Das Wasser fliesst beständig, und mit solcher Regel-
mässigkeit und Gewalt, dass man über den Flüssen zwei
grosse Kornmühlen erbaut hat, welche Tag und Nacht arbeiten, und deren Ertrag bedeutend ist.

Kephalonia, die grösste der ionischen Inseln, liegt am
Eingang des Meerbusens von Korinth, der Küste Akarnaniens gegenüber; im Nordosten wird sie von der Insel Ithaka

durch einen Kanal getrennt, dessen durchschnittliche Breite
8¹/₂ Kilometer beträgt.

Nach Strabo (X, 2) hat sie 300 Stadien im Umfang,
während dieser in der That 206 Kilometer beträgt; ihre
grösste Länge beläuft sich auf 53 Kilometer.

Same und Samos heisst sie bei Homer *(Od.* IV, 671),
welcher wahrscheinlich den Namen der Hauptstadt für
die ganze Insel gebraucht, denn er nennt die Einwohner
Κεφαλλῆνες und Unterthanen des Odysseus *(Il.* II, 631).

Der Name Κεφαλληνία findet sich zuerst bei Herodot
(IX, 28), welcher angiebt, dass 200 Einwohner der kepha-
lonischen Stadt Pale mit den übrigen Griechen in der
Schlacht bei Platää gekämpft haben.   Wir finden in der
Folge die Kephalonier als Verbündete Athens im peloponnesischen Kriege (*Thukydides* II, 30).   Im Jahre 189 v. Chr.
wurden sie von den Römern unterjocht.   Nach Strabo (X, 2)
besass Cajus Antonius, der Onkel des Marcus Antonius,
dieselbe als Privateigenthum.

Die Insel ist sehr felsig, hat sehr wenig Quellen und
wenig culturfähigen Boden; man pflanzt hauptsächlich
Olivenbäume und Weinstöcke, welche ganz kleine, Korinthen genannte Trauben tragen.   Der Ertrag der Korn-
ernte reicht nur für den vierten Theil des Verbrauchs aus.
Es giebt auf Kephalonia 23 Klöster, welche ungefähr den
sechsten Theil aller bebauten Ländereien besitzen.

Ich durchreiste die Insel in einer Miethkutsche, und
kam Mittags in Samos an, einem elenden, am Meeresufer
erbauten Dorfe, auf der Stelle der alten und berühmten
gleichnamigen Stadt, deren zahlreiche Ruinen ihre frühere
Grösse und Pracht bezeugen.   Vierundzwanzig Freier der
Penelope kamen aus dieser Stadt *(Od.* XVI, 249).

Auf einem Esel reitend, besichtigte ich die Akropolis, welche auf einem 100 Meter hohen Felsen liegt. Vier ungeheure Mauern aus plump behauenen Steinen von 1 Meter 30 Centimeter bis 2 Meter 30 Centimeter Länge, bei 1 Meter bis 1 Meter 30 Centimeter Breite, ziehen sich in gleichen Zwischenräumen von oben nach unten. Das Plateau ist von zwei Mauern ähnlicher Construction umgeben; der Raum zwischen denselben wird von den Ruinen zahlreicher Läden und Magazine eingenommen, und in mehreren derselben sieht man noch den steinernen Ladentisch. Eine Todtenstille herrscht jetzt unter diesen von Vipern wimmelnden Ruinen.

Die Stadt, welche im Jahre 189 v. Chr. eine viermonatliche Belagerung der Römer aushielt (*Livius* XXXVIII, 28), lag schon zu Strabo's Zeit gänzlich in Trümmern (*Strabo* X, 2). Dennoch veranlassen mich einige Spuren von römischem Mauerwerk, welche ich an mehreren Stellen im Meere, einige Meter vom Ufer entfernt, erblickte, zu der Annahme, dass sie unter August oder Hadrian zum Theil wieder aufgebaut worden sein mag.

DRITTES KAPITEL.

ITHAKA.

Ankunft im Hafen St.-Spiridon. — Der gelehrte Müller Panagis Asproieraka. — Tradition über Odysseus. — Vathy, die Hauptstadt von Ithaka. — Die vorzüglichsten Werke über Ithaka. — Der Hafen Rheithron. — Topographie und Produkte Ithaka's. — Der Phorkys-Hafen. — Der Berg Neïon. — Die Grotte der Nymphen. — Der Berg Aëtos. — Der Palast des Odysseus — Cyklopische Mauern.

Ich miethete für 11 Franken eine Barke, um mich nach Ithaka übersetzen zu lassen; aber unglücklicher Weise war der Wind conträr, sodass wir fortwährend gezwungen waren zu laviren, und so brauchten wir 6 Stunden zu einer Fahrt, welche man bei günstigem Winde mit Leichtigkeit in einer Stunde zurücklegt.

Endlich stiegen wir, 11 Uhr Abends, in dem kleinen Hafen St.-Spiridon, auf der Südseite des Berges Aëtos, ans Land und betraten das alte Königreich des Odysseus.

Ich gestehe, dass ich trotz Ermüdung und Hunger eine unendliche Freude empfand, mich im Vaterlande des Helden zu befinden, dessen Abenteuer ich mit der lebhaftesten Begeisterung gelesen und wieder gelesen habe.

Ich war so glücklich, beim Aussteigen den Müller Panagis Asproieraka anzutreffen, welcher mir für 4 Franken einen Esel vermiethete, um mein Reisegepäck zu tragen,

während er selbst mir als Führer und Cicerone bis zur
Hauptstadt Vathy (Βαθύ) diente. Als er gehört hatte, dass
ich nach Ithaka gekommen wäre, um archäologische Forschungen anzustellen, sprach er sich mit lebhaftem Beifall
über mein Vorhaben aus und erzählte mir unterwegs alle
Abenteuer des Odysseus von Anfang bis Ende. Die Geläufigkeit, mit welcher er sie hersagte, bewies mir deutlich,
dass er dieselbe Geschichte schon tausend Mal erzählt
hatte. Sein Eifer, mich über die glorreichen Thaten des
Königs von Ithaka zu unterrichten, war so gross, dass er
keine Unterbrechung duldete. Vergebens fragte ich ihn:
Ist dies der Berg Aëtos? ist dies der Phorkys-Hafen? auf
welcher Seite befindet sich die Grotte der Nymphen? wo
ist das Feld des Laertes? .... alle meine Fragen blieben
ohne Antwort. Der Weg war lang, aber des Müllers Geschichte war auch lang, und als wir endlich, halb ein Uhr
Nachts, die Schwelle seiner Hausthür in Vathy überschrit-
ten, war er grade in der Unterwelt mit den Seelen der
Freier unter dem Geleite des Merkur angelangt.

Ich beglückwünschte ihn lebhaft, dass er die Gedichte
Homers gelesen und sie so gut im Gedächtniss behalten
habe, dass er mit so grosser Leichtigkeit, in neugriechischer
Sprache, die Hauptbegebenheiten der 24 Gesänge der
Odyssee erzählen könne. Zu meinem grossen Erstaunen
antwortete er mir, dass er nicht nur der alten Sprache
unkundig sei, sondern auch das Neugriechische weder
lesen noch schreiben könne: die Abenteuer des Odysseus
wären ihm nur aus der Tradition bekannt. Auf meine
Frage, ob diese Tradition unter der Bevölkerung von
Ithaka allgemein verbreitet, oder ob sie seiner Familie
eigenthümlich wäre, erwiderte er, dass in der That seine

Familie die Bewahrerin derselben sei, dass Niemand auf der Insel die Geschichte des grossen Königs so gut kenne, wie er, und alle andern nur eine unklare Vorstellung davon hätten.

Der quälende Hunger verhinderte mich, mehr Fragen an ihn zu richten; seit 6 Uhr Morgens hatte ich nichts gegessen, indem die unbeschreibliche Unsauberkeit der Herberge zu Samos mir nicht erlaubt hatte, dort eine Mahlzeit zu halten. Mein Wirth hatte mir nichts als Gerstenbrod zu bieten und Regenwasser, dessen Temperatur nicht geringer als 30 Grad war; aber diese Mahlzeit erschien mir köstlich, da sie durch Hunger gewürzt wurde.

Der brave Müller hatte nur ein Bett; aber mit der edlen Gastfreundschaft, welche den Nachkommen der Unterthanen des Odysseus eigenthümlich ist, beeiferte er sich, mir dasselbe zur Verfügung zu stellen, und bestand darauf, dass ich es annähme; ich hatte alle Mühe, seinen dringenden Anerbietungen zu widerstehen, und erreichte meinen Willen nur dadurch, dass ich mich getrost auf einen grossen, mit eisernen Bändern beschlagenen Kasten, welcher sich im Zimmer befand, zur Ruhe legte. Gewöhnt an Reisestrapazen, schlief ich auf dem Kasten so sanft wie in dem weichsten Flaumenbette und erwachte erst am folgenden Morgen.

In der Hauptstadt Ithaka's giebt es keinen Gasthof; ich fand aber ohne Mühe ein gutes Zimmer im Hause der jungen und liebenswürdigen Fräulein Helene und Aspasia Triantafyllides, deren Vater, ein Gelehrter, vor einigen Jahren gestorben ist. —

Die Stadt, welche ungefähr 2,500 Einwohner zählt, umgiebt mit einer Reihe weisser Häuser das Südende des

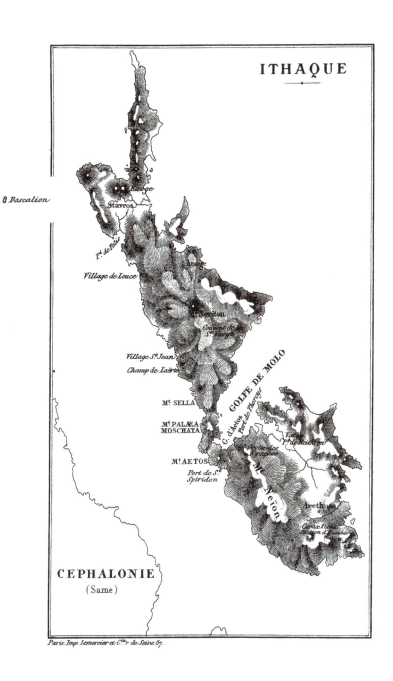

ITHAQUE

Ô Dascalion

Rouge
Stavros

Pt de Patis

Village de Leuce

Anoge

Pt Reveilon

Quartier de
St Marys

Village St Jean
Champ de Laërte

Mt SELLA

Mt PALÆA
MOSCHATA

GOLFE DE MOLO

C. dikatos
Port de Pharga

Mt AETOS
Port de St
Spiridon

Vallée
pt d'Eumée

Couvent des
prophètes

Mt Néion

Arethuse

Grotte Fontaine
Fontaine d'Eumée

CEPHALONIE
(Same)

Paris. Imp. Lemercier et Cie r de Seine 67.

langen und engen, Vathy (Βαθύ — *tief*) genannten Hafens, von welchem sie den Namen führt, und der selbst nur ein Theil des Meerbusens von Molo ist. Der Hafen ist einer der besten der Welt, weil er von Gebirgen umgeben und sein Wasser, selbst schon 1 Meter vom Ufer, so tief ist, dass die Schiffe vor den Häusern der Rheder Anker werfen können.

Fast alle Archäologen, welche die Insel bereist haben, erkennen die Identität derselben mit dem Homerischen Ithaka an. So E. Gandar, *de Ulyssis Ithaca,* Paris 1854; Dr. Wordsworth, *Greece,* 1853; Rühle von Lilienstern, *über das homerische Ithaka;* G.-F. Bowen, *Ithaca in 1850,* London 1851; Leake, *Travels in Northern Greece,* 1835; Schreiber, *Ithaca,* 1829; Constantin Koliades, *Ulysse-Homère;* Sir W. Gell, *Ithaca, Argolis and Itineraries,* 1813—1819; Strabo, VIII, X: Ptolemäus, III. — Dagegen erklärt Spohn Ithaka für ein reines Phantasiegebilde des Dichters, während Völcker auf geistreiche Weise durch Gründe zu beweisen sucht, dass die Topographie Ithaka's mit den Angaben Homers in Widerspruch stehe, und das Vaterland des Odysseus westlich von Kephalonia liegen müsse.

Da der Hafen von Vathy sich im südlichen Theile der Insel befindet, und zwar am Fusse des Berges Αγιος Στέφανος (*St.-Stephan*), in welchem man das Νήϊον ὑλῆεν (das wald-bedeckte Neïon) (*Od.* I, 186) wieder erkennt, so ist er ohne Zweifel der Λιμήν Ρεῖθρον (*der Hafen von Rheithron*), wel-cher in demselben Verse genannt wird.

Ithaka, gewöhnlich Θεάκη (*Theake*) genannt, leitet sei-nen Namen ohne Zweifel von dem Heros Ithakus her, den Homer (*Od.* XVII, 207) erwähnt.

Die grösste Länge der Insel von Norden nach Süden

beträgt 29 Kilometer; die grösste Breite von Osten nach
Westen 7 Kilometer. Die Bevölkerung beläuft sich im
Ganzen auf 13,000 Einwohner.

Die Insel besteht aus einer Kette von Kalksteinfelsen.
Der Golf von Molo theilt sie in zwei fast gleiche Theile,
welche durch einen engen, 800 Meter breiten Isthmus verbunden werden. Auf diesem Isthmus befinden sich umfang-
reiche Ruinen mit dem Namen Παλαιόκαστρον (Altes Schloss),
welche die Tradition als Reste vom Schlosse des Odysseus
bezeichnet.

Ueberall sieht man steile Felsen. Der höchste unter
ihnen ist im nördlichen Theile der Insel der Berg Anoge,
Homers *waldbedeckter* Neritos *(Od.* XIII, 351; IX, 21);
aber von ihm wie vom Berge Neïon und dem übrigen
Theile der Insel sind die Wälder verschwunden, und in
Folge dessen Regen und Thau, einst so reichlich in Ithaka
(Od. XIII, 245), jetzt viel seltener. Die *ungeheure* (ἀθέσφατος)
Getreideernte *(Od.* XIII, 244) beschränkt sich gegenwärtig
auf den vierten Theil des für die Einwohner nothwendigen
Bedarfs. Schweine *(Od.* XIII, 404—410), Rinder *(Od.*
XIII, 246), Ziegen *(Od.* IV, 606; XIII, 246), Schafe *(Od.* XIII,
222) mangeln vollständig und müssen eingeführt werden.

Die Hauptprodukte Ithaka's sind gegenwärtig die kleinen, unter dem Namen Korinthen bekannten Weintrauben,
(jährliche Ausfuhr ungefähr 150,000 Kilos) und Olivenöl
(ungefähr 2,300 Fässer). Der Wein ist ausgezeichnet, aber
dreimal stärker als Bordeaux-Wein und wird nicht exportirt.

Ungeachtet der drückenden Sommerhitze ist das Klima
der Insel sehr gesund und verdient das Lob Homer's *(Od.*
IX, 27) „ἀγαθὴ κουροτρόφος" (ausgezeichnet für die Erzie-
hung·und Pflege tüchtiger Männer).

Hr. Bowen behauptet mit Recht, dass an keinem Orte auf der Welt die Erinnerung an das klassische Alterthum so lebendig und rein erhalten ist, als auf der Insel Ithaka. Unmittelbar nach dem Zeitalter ihres grossen mythologischen Helden verliert sie sich aus der Erinnerung für einen Zeitraum von fast dreitausend Jahren. Im Gegensatz zu vielen andern einst berühmten Ländern knüpft sich unser Interesse für sie keineswegs an neuere Nachrichten, welche in hervorhebenderer Weise ihrer gedacht hätten. Sie wird bei den nachhomerischen Schriftstellern in der That nur deshalb genannt, um auf ihre wichtige Stellung in den Gedichten des Heldenalters hinzuweisen. Im Jahre 1504 n. Chr. war Ithaka durch die Einfälle der Seeräuber und die Wuth, mit welcher die Kriege zwischen Türken und Christen geführt wurden, fast entvölkert, und es werden noch die Privilegien aufbewahrt, welche die venetianische Regierung den Colonisten aus den benachbarten Inseln und vom griechischen Festlande gab, welche die Insel wieder bevölkert haben. Alle unsere Erinnerungen knüpfen sich hier also an das heroische Zeitalter: jeder Hügel, jeder Felsen, jede Quelle, jedes Olivenwäldchen mahnt uns an Homer und die Odyssee, und mit einem einzigen Sprunge fühlen wir uns über hundert Generationen hinweg in die glänzendste Epoche griechischen Ritterthums und griechischer Dichtkunst versetzt.

Sobald ich in meiner neuen Wohnung eingerichtet war, miethete ich einen Führer und ein Pferd und liess mich nach dem kleinen Hafen *Dexia* bringen, welcher sich ebenfalls am Fusse des Berges Neïon befindet und auch ein Theil des grossen Meerbusens von Molo ist. Das ist der „Φόρκυνος λιμήν" (Phorkys-Hafen), in welchem die Phäaken

9 *

den fest eingeschlafenen Odysseus ausschifften und mit
seinen Schätzen zuerst am Ufer, darauf unter einem Oelbaum, abseits vom Wege niederlegten *(Od.* XIII, 96—124):
„In Ithaka ist der Hafen des Phorkys, des Meergreises, in
welchem zwei steile Felsen vorspringen, nach dem Eingang
des Golfs geneigt, die ihn von aussen gegen die mächtigen
Wogen und die brausenden Winde schützen. Drinnen
liegen die wohlberuderten Schiffe ohne Taue vor Anker,
nachdem sie in den Bereich des Hafens gelangt sind. Aber
am Ende des Hafens erhebt sich ein dichtbelaubter Oelbaum, und gleich daneben befindet sich eine liebliche
dunkle Grotte, welche den Nymphen, die Najaden heissen,
geweiht ist. Dort sieht man Urnen und steinerne Krüge;
dort legen die Bienen ihren Honig nieder. Auch erblickt
man dort steinerne Webstühle, auf denen die Nymphen
meerpurpurne Gewänder weben, wunderbar anzuschauen.
Auch findet man dort eine nie versiegende Quelle. Die
Grotte hat zwei Eingänge: der eine im Norden ist für den
Gebrauch der Menschen; der andre im Süden gehört den
Göttern; niemals überschreiten ihn die Menschen, denn das
ist der Weg der Unsterblichen.

„Dorthin richteten die mit der Oertlichkeit Vertrauten ihre
Fahrt; das Schiff stürzte bis zur Hälfte auf das flache Ufer;
so stark war die Gewalt, welche die Ruderer anwandten.

„Nun stiegen sie aus dem wohlberuderten Schiffe ans
Land; zuerst nahmen sie den Odysseus nebst der leinenen
Decke und dem glänzenden Teppich vom gewölbten Ver-
decke des Schiffes und legten ihn, den tief Schlummernden,
auf dem Sande nieder; darauf schifften sie die Schätze aus,
welche die erlauchten Phäaken, auf die Eingebung der
hehren Minerva, ihm geschenkt hatten, als er in sein Vater-

land zurückkehrte, und häuften sie am Fusse des Oelbaums auf, abseits vom Wege, aus Furcht, dass ein Vorüber-
gehender, ehe Odysseus erwachte, Hand daran legte."

Die Oertlichkeit ist in der angeführten Stelle so genau
beschrieben, dass man sich gar nicht irren kann; denn man
sieht vor dem kleinen Golf zwei kleine steile Felsen, dem
Eingange zugeneigt, und dicht daneben, auf dem Abhange
des Berges Neïon, 50 Meter über dem Meeresspiegel, die
Grotte der Nymphen. Wirklich befindet sich auch in derselben auf der nordwestlichen Seite eine Art natürlicher
Eingang von zwei Meter Höhe und vierzig Centimeter
Breite, durch welchen man bequem in die Grotte gelangen
kann, und auf der Südseite eine runde Oeffnung von 82
Centimeter im Durchmesser, die den Eingang der Götter
bildet; denn an dieser Stelle hat die Höhle eine Tiefe von
17 Meter, so dass der Mensch auf diesem Wege sie nicht
wohl betreten kann.

Das Innere ist vollkommen dunkel; aber mein Führer
machte mit Gesträuch ein grosses Feuer an, sodass ich die
Grotte in ihren Einzelheiten untersuchen konnte. Sie ist
fast rund und hat 17 Meter im Durchmesser. Vom Eingang
bis auf den Grund steigt man 3 Meter 30 Centimeter hinab,
und entdeckt dort Ueberreste von in den Felsen gehauenen
Stufen; auf der entgegengesetzten Seite erblickt man einen
sehr verstümmelten Altar. Von der Decke hängen Massen
von Tropfsteinen in bizarren Formen herunter, und mit nur
einiger Einbildungskraft erkennt man darin Urnen, Krüge
und die Webstühle, auf welchen die Nymphen purpurfarbene
Gewänder webten. In dieser Grotte verbarg Odysseus auf
den Rath und mit dem Beistand der Minerva die von den
Phäaken erhaltenen Schätze (*Od.* XIII, 361—371).

Wir stiegen wieder zum Golf oder Phorkys-Hafen hinab und setzten unsern Weg bis an den Fuss des Berges Aëtos fort, welcher 150 Meter Höhe hat, und im Süden vom Berge Neïon durch ein sehr fruchtbares Thal getrennt wird, das ungefähr 100 Meter breit ist und den kleinen Isthmus durchschneidet. Im Osten bildet der Berg in einer Höhe von 50 Metern einen sanften Abhang mit guten Quellen und üppiger Cultur. Er wird von dem Golf Aëtos begrenzt. Später werde ich zu beweisen suchen, dass dies der Hafen der alten Hauptstadt von Ithaka ist.

Auf der Nordseite setzt sich der Berg Aëtos in einer ungefähr 50 Meter niedrigeren Felsenkette fort, welche die Namen Paläa-Moschata, Chordakia und Sella führt. Auf der Westseite fällt er schroff in's Meer ab, dessen dunkelblaue Farbe schon 1 Meter vom Felsen eine ungeheure Tiefe anzeigt.

Die Besteigung des Aëtos ist für einen Fremden, besonders während der grossen Sommerhitze, mit vielen Schwierigkeiten und Beschwerden verbunden, weil er, in Winkeln von 45 bis 50 Grad sich erhebend, mit Steinen wie besäet ist, und man in Ermangelung eines Weges sich oft auf allen Vieren weiterhelfen muss.

Aber die Eingebornen, welche an das Erklettern der Felsen gewöhnt sind, besteigen den Aëtos ohne die geringste Beschwerde und bebauen sogar den ganzen Berg bis zum Gipfel überall, wo sich nur Erde zwischen den Steinen zeigt. Das einzige Werkzeug, dessen sie sich zum Anbau des Gebirgslandes bedienen, ist eine spitzige Hacke (δίκελλα), mit welcher sie die Erde nur wenig umkehren, um Leinsaamen oder Weizenkörner zu säen.

Ich war sehr erstaunt, als ich nur wenig Oelbäume auf

den Abhängen des Gebirges erblickte, weil dieser Baum
auf den ionischen Inseln sehr fruchtbar ist, wo er einheimisch
zu sein scheint und ein solches Grössenverhältniss erreicht,
dass er nicht den Fruchtbäumen Frankreichs, wohl aber
den dicksten und pittoreskesten Waldbäumen zu vergleichen ist.

Wir bestiegen den Aëtos von Westen, weil der Abhang
hier sanfter ist, als auf den andern Seiten; man sieht hier
zahlreiche Spuren eines alten Weges, welcher jedenfalls vom
Palaste des Odysseus nach dem kleinen Hafen führte, der
jetzt St.-Spiridon genannt wird und gleichfalls im Westen
der Insel, zwischen Aëtos und Neïon liegt.

Ich gebrauchte eine halbe Stunde, um auf den südlichen
Gipfel zu gelangen; hier befinden sich die Ruinen eines
Thurmes aus plump behauenen Steinen von 1 Meter bis
1 Meter 66 Centimeter Länge bei 1 Meter bis 1 Meter
35 Centimeter Breite, die ohne Cement übereinander geschichtet sind. Dieser Thurm ist 6 Meter 66 Centimeter lang
und breit. In der Mitte ist jedenfalls ein unterirdisches
Behältniss, vielleicht eine Cisterne, weil alle Steine des
Gebäudes nach dem Mittelpuncte geneigt sind und daselbst
eine Art Wölbung bilden.

Zehn Meter niedriger ist eine dicke Umwallungsmauer
von ähnlicher Bauart, während zwei andere, mit Ver-
theidigungsthürmen versehene cyklopische Mauern sich
gegen Südwest und Südost herabziehen, deren grossartige
Trümmer sich auf dem Abhange des Berges bis zu einer
Entfernung von 60 Metern vom Gipfel ausdehnen.

Von dem obengenannten Thurme aus dehnt sich der
Gipfel des Aëtos, dessen Breite von 8 bis 10 Meter wechselt,
in einer Länge von 74 Meter aus, mit einer stufenweisen

Erhebung von 13 Metern. — Dieser ganze Raum ist mit ungeheuren Steinen bedeckt, die wohl nie eines Menschen Hand berührte, und welche die Annahme zurückweisen, dass sich dort jemals ein Gebäude befunden habe.

Auf diese Steine folgen die Ruinen eines andern Thurmes von cyklopischer Bauart, 8 Meter lang und ebenso breit. Dann kommt eine runde, in den Felsen gehauene, 5 Meter tiefe Cisterne; ihr Durchmesser beträgt oben 4, und auf dem Grunde 6 Meter. Darauf erweitert sich der Gipfel zu einer vollkommen ebenen Fläche und dehnt sich bei einer Breite von 27 Meter und einer Länge von 37 Meter bis zum Nordrande aus.

Auf diesem Raume befand sich der Palast des Odysseus; leider sieht man nur noch die Ruinen von zwei parallelen Einschliessungsmauern, und eine kleine, runde, in den Felsen gehauene, 1 Meter 34 Centimeter tiefe Cisterne für den Hausgebrauch, deren Durchmesser oben 1 Meter 33 Centimeter, unten 1 Meter 67 Centimeter beträgt.

Am Nordrande sieht man die Ruinen von zwei grossen Mauern, von denen die eine sich nach Nordost, die andre nach Nordwest hinabzieht. Sechzehn Meter vom Gipfel, auf der Ostseite, ist eine grosse, runde, in den Felsen gehauene, 10 Meter tiefe Cisterne, deren Durchmesser oben 8, unten 12 Meter beträgt.

Der königliche Palast war gross, mehrere Stock hoch und hatte einen Hof, denn Odysseus sagt zu Eumaios (*Od.* XVII, 264—268):

Εὔμαι’, ἦ μάλα δή τάδε δώματα κάλ’ ’Οδυσῆος,
‘Ρεῖα δ’ ἀρίγνωτ’ ἐστὶ καὶ ἐν πολλοῖσιν ἰδέσθαι.
’Εξ ἑτέρων ἕτερ’ ἐστίν· ἐπήσκηται δέ οἱ αὐλή

Τοίχῳ καὶ θριγκοῖσι, θύραι δ᾽ εὐερκέες εἰσίν
Δικλίδες· οὐκ ἄν τίς μιν ἀνὴρ ὑπεροπλίσσαιτο.

„Eumaios, ohne Zweifel ist dies das prächtige Haus des
Odysseus; es ist leicht zu erkennen selbst zwischen einer
Menge von Häusern; es hat mehr als ein Stockwerk; der
Hof ist geschützt durch eine Mauer mit Zinnen; die Thüren
sind fest und haben zwei Flügel; Niemand würde es erstür-
men können."

Der Palast war mit hohen Säulen geschmückt (*Od.* XIX,
38); um die Tafel im grossen Saal sassen die 108 Freier; es
waren ausserdem im Saale 8 Diener, ein Herold und ein
Sänger (*Od.* XVI, 247—253); der Palast war ὑψηλός, „hoch"
(I, 126); er hatte hohe Wölbungen, ὑψερεφής (IV, 757); er
war ὑψόροφος, „grandios" (X, 474).

Wir lesen auch, dass Penelope die hohe Treppe im Palaste hinaufstieg, den Schlüssel nahm und sich mit ihren
Dienerinnen in ein abgelegenes Gemach begab (*Od.* XXI,
5—9). Es ist also nicht zu bezweifeln, dass der Palast den
ganzen geebneten Raum des Gipfels einnahm und der Hof
zwischen den parallelen, 30 Meter von einander entfernten
Umwallungsmauern lag. Auf diesem Hofe stand der Altar
des Zeus (XXII, 334).

VIERTES KAPITEL.

Der Gipfel des Aëtos ist mit grossen, wagerecht liegenden Steinen besäet; doch sah ich hie und da einige Meter mit Gesträuch und Stauden bedeckt, welche mir anzeigten, dass hier auch Erde vorhanden sei. Sofort entschloss ich mich, überall, wo die Beschaffenheit des Bodens es erlauben würde, Ausgrabungen anzustellen. Da ich aber keine Werkzeuge bei mir hatte, so musste ich meine Nachforschungen bis auf den folgenden Tag verschieben.

Die Hitze war drückend; mein Thermometer zeigte 52 Grad, ich fühlte brennenden Durst und hatte weder Wasser noch Wein bei mir. Aber die Begeisterung, welche ich in mir fühlte, da ich mich mitten unter den Ruinen vom Palaste des Odysseus befand, war so gross, dass ich Hitze und Durst vergass. Bald untersuchte ich die Oertlichkeit, bald las ich in der Odyssee die Beschreibung der rührenden Scenen, deren Schauplatz dieser Ort gewesen ist; bald bewunderte ich die herrliche Rundsicht, welche sich auf

allen Seiten vor meinen Augen entrollte, und kaum derjenigen nachstand, an welcher ich mich acht Tage vorher
in Sicilien vom Gipfel des Aetna aus erfreut hatte.

Im Norden sah ich die Insel Santa Maura oder Leu-
cadia mit dem Kap Dukato, hoch gefeiert im Alterthum
wegen des berühmten Felsens, Sappho-Sprung genannt,
von wo aus die unglücklich Liebenden sich in's Meer
stürzten, in der Ueberzeugung, dass dieser kühne Sprung
sie von ihrer Leidenschaft heilen werde. Unter den vorzüglichsten Opfern dieses Wahnes nennt man die berühmte
Dichterin Sappho, den Dichter Nikostratus, Deucalion,
Artemisia, die Königin von Karien u. A.

Nach Strabo (X, 2, *p. 332, ed. Tauchnitz*) hatten die
Leukadier die Gewohnheit, jährlich am Feste des Apollo
einen Verbrecher von diesem Felsen in's Meer zu stürzen,
als Sühnopfer für alle Verbrechen des Volkes. Man band
ihm Federn und lebende Vögel an, um ihm das Hinab-
stürzen zu erleichtern, und unten hielten sich im Kreise
an einander gereihte Fischerbarken bereit, ihn wo möglich
zu retten.

Auf der Südseite sah ich die herrlichen Berge des Peloponnes; im Osten die grandiosen Spitzberge Akarnaniens;
im Westen zu meinen Füssen die prächtige Meerenge, jenseits deren sich die schönen Berge von Kephalonia schroff
und fast senkrecht erheben.

Endlich stieg ich auf der Ostseite hinunter und entdeckte
ungefähr 38 Meter vom Gipfel die Spuren eines Weges,
welcher im Alterthum jedenfalls zum Palaste des Odysseus
geführt hat. Hie und da am Abhange des Berges fand ich
auch Ruinen von kleinen Häusern, deren cyklopische Bauart ein hohes Alterthum offenbart.

Als ich am Fusse des Berges angekommen war, trat ein
Bauer an mich heran und bot mir eine Vase von Thon und
eine schöne silberne korinthische Münze mit einem Mi-
nerva-Kopf auf der einen und einem Pferd auf der andern
Seite, zum Verkauf an. Er hatte diese Gegenstände eben
erst in einem plump in den Felsen gehauenen Grabe, ohne
eine Spur von menschlichen Gebeinen, entdeckt. Ich kaufte
sie ihm für 6 Franken ab.

Nach Vathy zurückgekehrt, engagirte ich für den folgenden Tag vier Arbeiter, um auf dem Aëtos Ausgrabungen zu veranstalten, ferner einen Burschen und ein Mädchen, um Wasser und Wein auf den Berg zu tragen;
endlich miethete ich ein Pferd für mich, und einen Esel,
um die Werkzeuge zu tragen.

Am 10. Juli, nachdem ich im Meere gebadet und eine
Tasse schwarzen Kaffee getrunken hatte, machte ich mich
um 5 Uhr Morgens mit meinen Arbeitern auf den Weg.
Von Schweiss durchnässt, langten wir um 7 Uhr auf dem
Gipfel des Aëtos an.

Zuerst liess ich durch die vier Männer das Gesträuch
mit der Wurzel ausreissen, dann den nordöstlichen Winkel
aufgraben, wo nach meiner Vermuthung sich der herrliche
Oelbaum befunden haben musste, aus welchem Odysseus
sein Hochzeitsbett verfertigte und um dessen Standort er
sein Schlafzimmer baute (*Od.* XXIII, 183—204).

„Im Innern des Hofes wuchs ein dichtbelaubter Oelbaum, hoch, blühend und stark wie eine Säule; rings um
ihn herum baute ich aus grossen Steinen das Ehegemach,
bis ich es vollendet hatte, deckte es mit einem Dach und
verschloss es mit dichten, fest eingefugten Thüren; darauf
hieb ich die Zweige des dicht belaubten Oelbaums ab,

bearbeitete die Oberfläche des Stammes von der Wurzel
aus, glättete ihn geschickt mit dem Erze nach der Richt-
schnur, machte daraus den Fuss des Bettes und durchbohrte
ihn überall mit dem Bohrer; auf diesem Fusse baute ich
das ganze Bett auf, belegte es mit Gold, Silber und Elfen-
bein, und spannte Riemen von Rindsleder, mit glänzendem
Purpur gefärbt, darin aus."

Indess wir fanden nichts als Trümmer von Ziegeln und
Töpferwaaren, und in einer Tiefe von 66 Centimeter legten
wir den Felsen bloss. In diesem Felsen waren allerdings
viele Spalten, in welche die Wurzeln des Oelbaums hätten
eindringen können; aber es war jede Hoffnung für mich
verschwunden, hier archäologische Gegenstände zu finden.

Ich liess hierauf den Boden nebenan aufgraben, weil
ich zwei Quadersteine entdeckt hatte, welche, wie es
schien, einer Mauer angehört hatten, und nach dreistündi-
ger Arbeit förderten die Arbeiter die beiden unteren
Lagen eines kleinen Gebäudes von 3 Meter Breite bei 4
Meter 75 Centimeter Länge zu Tage: die Oeffnung der Thür
hatte eine Breite von 1 Meter. Die Steine waren gut behauen und hatten 33 Centimeter Länge bei gleicher Breite;
sie waren reichlich mit schneeweissem Cement verbunden,
von welchem ich Stücke nach Hause mitgebracht habe.
Selbst unter der untern Steinreihe war eine dichte Lage
Cement, dessen Vorhandensein mich nicht bezweifeln lässt,
dass dieses Gebäude wenigstens sieben Jahrhunderte nach
dem Trojanischen Kriege errichtet worden ist, weil ich
in den Bauwerken des heroischen Zeitalters noch niemals
Cement bemerkt habe.

Wir fanden in der ausgegrabenen Stelle noch viele
Trümmer von leicht gebrannten, krummen Ziegeln, und

sogar einen ganzen Ziegel von 66 Centimeter Länge bei
ebenso grosser Breite, so wie viele andere Scherben.

Während meine Arbeiter mit dieser Ausgrabung beschäftigt waren, untersuchte ich die ganze Baustelle des
Palastes mit der grössten Aufmerksamkeit, und als ich
einen dicken Stein gefunden hatte, dessen Ende eine kleine
Curvenlinie zu beschreiben schien, — ungefähr den hundertsten Theil eines Kreises, — löste ich mit dem Messer
die Erde vom Steine ab und sah, dass dieser einen Halb-
kreis bildete. Als ich mit dem Messer zu graben fortfuhr,
bemerkte ich bald, dass man den Kreis auf der andern Seite
durch kleine übereinander geschichtete Steine vervollstän-
digt hatte, die so zu sagen eine Mauer im Kleinen bildeten.
Ich wollte anfänglich diesen Kreis mit dem Messer aus-
höhlen, konnte aber meinen Zweck nicht erreichen, weil
die Erde mit einer weissen Substanz, welche ich als die
Asche calcinirter Knochen erkannte, gemischt und fast so
hart wie der Stein selbst war. Ich machte mich also daran
mit der Hacke zu graben; aber kaum war ich 10 Centimeter tief eingedrungen, so zerbrach ich eine schöne, aber
ganz kleine, mit menschlicher Asche angefüllte Vase. Ich
fuhr mit der grössten Vorsicht zu graben fort und fand
ungefähr 20 ganz verschiedene Vasen von bizarrer Form.
Einige lagen, andere standen. Leider zerbrach ich die
meisten derselben beim Herausnehmen wegen der Härte
der Erde und aus Mangel an guten Werkzeugen, und
konnte nur fünf in unversehrtem Zustande fortbringen.
Die grösste von ihnen ist nicht höher als 11 Centimeter;
der Durchmesser ihrer Oeffnung beträgt 1 Centimeter; eine
andere hat eine Oeffnung von nur 6 Millimetern. Zwei
von diesen Vasen hatten recht hübsche Malereien, als ich

sie aus der Erde zog. Sie wurden aber fast unkenntlich,
sobald ich sie der Sonne aussetzte; ich hoffe aber durch
Reiben mit Alkohol und Wasser sie wieder deutlich zum
Vorschein zu bringen.

Alle diese Vasen sind mit der Asche verbrannter menschlicher Gebeine angefüllt.

Ausserdem fand ich in diesem kleinen Familien-Kirch-
hofe die gekrümmte Klinge eines Opfermessers, 13 Centim.
lang, stark mit Rost überzogen, aber sonst ziemlich gut erhalten; ein Götzenbild von Thon, welches eine Göttin mit
zwei Flöten im Munde darstellt; dann die Trümmer eines
eisernen Degens, einen Eberzahn, mehrere kleine Thier-
knochen und endlich eine Handhabe aus ineinander ge-
schlungenen Bronze-Fäden. Fünf Jahre meines Lebens
hätte ich für eine Inschrift hingegeben, aber leider! war
keine vorhanden.

Obgleich das Alter dieser Gegenstände schwer zu bestimmen ist, so scheint es mir doch gewiss, dass die Vasen
weit älter sind als die ältesten Vasen von Cumae im Museum zu Neapel, und es ist wohl möglich, dass ich in meinen 5 kleinen Urnen die Asche des Odysseus und der
Penelope oder ihrer Nachkommen bewahre.

Nachdem ich die kreisrunde Oeffnung bis auf den Grund
ausgegraben hatte, stellte ich durch Messung fest, dass
ihre Tiefe auf der Südseite 76 Centimeter, auf der Nordseite 92$^1/_2$ Centim. und ihr Durchmesser 1 Meter 25 Centim.
betrug.

Nichts erregt mehr Durst, als die schwere Arbeit des
Ausgrabens, bei einer Hitze von 52 Grad in der Sonne.
Wir hatten zwar drei ungeheure Krüge voll Wasser und
eine grosse, vier Liter Wein enthaltende Flasche mitge-

bracht. Der Wein reichte für uns aus, weil der Rebensaft
Ithaka's, wie ich schon gesagt habe, dreimal stärker ist
als Bordeaux-Wein, aber unser Wasservorrath war bald
erschöpft, und zweimal waren wir gezwungen ihn zu er-
neuern.

Meine vier Arbeiter hatten die Ausgrabung des nachhomerischen Hauses in derselben Zeit beendigt, in welcher
ich mit der Aufgrabung des kleinen kreisrunden Kirchhofs
fertig war. Ich hatte allerdings mehr Erfolg gehabt als sie;
doch ich machte ihnen keinen Vorwurf darüber, da sie
tüchtig gearbeitet hatten, und mehr als tausend Jahre
können vergehen, ehe der blosgelegte Raum wieder von
atmosphärischem Staube ausgefüllt wird.

Der Mittag kam und wir hatten seit 5 Uhr Morgens nichts
gegessen; wir machten uns daher an unser Frühstück unter
einem Oelbaum zwischen den beiden Einschliessungsmauern, ungefähr 15 Meter unterhalb des Gipfels. Unser
Mahl bestand in trocknem Brod, Wein und Wasser, dessen
Temperatur nicht unter 30 Grad war. Aber Erzeugnisse
des Bodens von Ithaka waren es, welche ich genoss und
zwar im Palasthofe des Odysseus, vielleicht an derselben
Stelle, wo er Thränen vergoss, als er seinen Lieblingshund
Argos wiedersah, der vor Freude starb, als er seinen Herrn
nach zwanzigjähriger Abwesenheit wiedererkannte, und wo
der göttliche Sauhirt die berühmten Worte sprach (*Od.*
XVII, 322—323):

Ἥμισυ γάρ τ' ἀρετῆς ἀποαίνυται εὐρύοπα Ζεύς
'Ανέρος, εὖτ' ἄν μεν κατὰ δούλιον ἦμαρ ἕλῃσιν.

„Denn der allwaltende Jupiter nimmt die Hälfte des
Werthes dem Manne, sobald der Tag der Knechtschaft ihn
erreicht hat."

Ich kann wohl sagen, dass ich niemals in meinem Leben mit grösserem Appetit gegessen habe, als bei diesem frugalen Mahle im Schlosse des Odysseus.

Nach dem Frühstück ruheten meine Arbeiter anderthalb Stunden aus, während ich, die Hacke in der Hand, das Terrain auf der Baustelle des Palastes und zwischen den Einschliessungsmauern untersuchte, um womöglich weitere Entdeckungen zu machen. Ueberall wo die Beschaffenheit des Bodens die Möglichkeit zuliess etwas zu finden, machte ich Merkzeichen, um an diesen Stellen mit den Arbeitern Ausgrabungen zu veranstalten. Um zwei Uhr machten sie sich wieder an die Arbeit, und setzten sie bis fünf Uhr fort, aber ohne den geringsten Erfolg. Da ich indess die Ausgrabungen am Morgen des folgenden Tages von neuem beginnen wollte, so liessen wir die Werkzeuge oben auf dem Berge und kehrten nach Vathy zurück, wo wir Abends sieben Uhr ankamen.

Die beiden liebenswürdigen Fräulein Triantafyllides beeiferten sich, mir eine Mittagsmahlzeit zu bereiten; aber wie gross war meine Bestürzung, als sie mir nichts weiter als Pellkartoffeln, Salz und Brod vorsetzten. Ich frug sie, ob sie sich über mich lustig machen wollten. Mit Erstaunen entgegneten sie: Sie sind Christ und wollen am Freitag Fleisch essen? — Aber bei allen Göttern Griechenlands, erwiderte ich, wenn Sie aus Besorgniss für mein Seelenheil mir kein Fleisch geben wollen, warum geben Sie mir nicht wenigstens Fische? — Hat man, antworteten sie, jemals einen Christen gesehen, der an Fasttagen Fische ass? und selbst wenn wir Ihnen Fleisch geben wollten, so könnten wir es nicht, weil kein Fischer am Freitag oder Mittwoch seine Netze auswirft, denn Niemand

würde ihm seine Fische abkaufen, und kein Schlächter
öffnet an diesem Tage seinen Laden, weil man ihn miss-
handeln würde.

Die ernste Miene, mit welcher sie mir diese Erklärung
gaben, bewies mir deutlich, dass sie ihre vollste Ueberzeugung aussprachen, und es als ein Verbrechen gegen die
Gebote Gottes betrachteten, wenn man an Fasttagen Fleisch
äsße. Ich schwieg und ging aus, um mir Schinken oder
Butter zu verschaffen; aber obwohl ich in mehreren Läden
anfrug, war doch auf der Insel Ithaka von alledem nichts zu
haben. Mit vieler Mühe gelang es mir, etwas Oel zu bekommen, um die Kartoffeln einzutauchen. Diese mehr als
bescheidene Nahrung verursachte mir indess durchaus
keine Beschwerden, und in der That habe ich mich auf
meinen Reisen nie besser befunden, als wenn ich mich mit
Brod und Wasser begnügen musste.

Am folgenden Tage, den 11. Juli, stand ich um vier Uhr
Morgens auf und bestieg abermals mit den vier Arbeitern
den Berg Aëtos, auf dessen südlichem Abhange, ungefähr
20 Meter über dem Meeresspiegel, man mir eine grosse
Anzahl alter, in den Felsen gehauener Gräber zeigte, welche
in den Jahren 1811 und 1814 der Hauptmann Guitara auf-
grub, wobei eine Menge goldene Armbänder, Fingerringe,
Ohrringe u. s. w. zum Vorschein kamen.

Aber diese Gräber können nicht sehr alt sein; denn aus
Homer wissen wir, dass man die Leichname im heroischen
Zeitalter verbrannte, und da man in den Gräbern auf Ithaka
und Korfu nicht selten Scarabäen mit ägyptischen Hierogly-
phen und phönicische Götterbilder neben griechischen Münzen und Thränenkrügen findet, so darf man wohl mit Sicherheit annehmen, dass der Gebrauch, die Todten zu begraben,

erst mehrere Jahrhunderte nach Homer, durch Aegypter und Phönicier auf den ionischen Inseln eingeführt worden ist.

In Rom ist der alte Gebrauch, die Todten zu verbrennen, erst unter dem Kaiser Domitian verschwunden. So befindet sich z. B. im vaticanischen Museum ein Stein mit der Inschrift: *„Hic Cajus Caesar crematus est“* (Hier ist Cajus Caesar verbrannt worden), und ein anderer mit den Worten: *„Hic Germanicus crematus est“* (Hier ist Germanicus verbrannt worden).

Auf dem Gipfel des Berges angekommen, nahmen wir unsre Ausgrabungen wieder auf, und nicht eine Handbreit Erde an der Stelle, wo Odysseus' Palast gestanden hat, ist von uns ununtersucht geblieben. Auch gruben wir zwischen den Einschliessungsmauern und rings um den ganzen Gipfel des Berges, aber unsere Mühe war vergeblich, wir fanden nichts mehr.

Die einzige interessante Entdeckung, welche ich an diesem Tage machte, war die Spur eines alten Weges, der sich vom Palast auf der Nordseite hinabzieht. Leider konnte ich des Dorngesträuchs und der bedeutenden Terrainschwierigkeiten wegen diese Spur nicht verfolgen; als ich aber durch meine Arbeiter erfuhr, dass sie ungefähr vier Kilometer nördlicher im Felsen die Spuren eines alten Weges gesehen hätten, so schloss ich sofort daraus, dass dies derselbe Weg sein müsste.

An diesem Tage hatten wir viel Wasser nöthig, denn eine Hitze von 52 Grad ist selbst für die Eingebornen lästig.

Es unterliegt nicht dem mindesten Zweifel, dass die Ruinen auf dem Berge Aëtos schon im Alterthum als diejenigen vom Palaste des Odysseus angesehen worden sind,

und dass Cicero diese Baulichkeiten auf dem Aëtos im
Auge hat, wenn er schreibt (*de Oratore* I, 44):

„*Ut Ithacam illam, in asperrimis saxis tanquam nidulum
affixam, sapientissimus vir immortalitati anteponeret.*" (*Der
Weiseste würde sogar der Unsterblichkeit dieses Ithaka vor-
ziehen, welches gleichsam wie ein Vogelnest zwischen die steilsten
Felsen hineingebaut ist.*)

Ferner bezeichnet die Tradition diese Ruinen als Κάστρον Ὀδυσσέως *(Festung* oder *Schloss des Odysseus).* Selbst
der Name Ἀετός (Aëtos = Adler) erinnert an jene verhäng-
nissvolle Scene der Odyssee (II, 146—156), wo erzählt wird,
dass Jupiter während der Versammlung der Ithakesier
plötzlich zwei Adler vom Gipfel des Berges herabfliegen
liess. Als sie über der lärmenden Versammlung ankamen,
kreisten sie mit heftigem Flügelschlag, und indem sie auf
die versammelten Griechen herabschauten, prophezeiten sie
den Freiern den Tod.

Um sieben Uhr Abends kehrten wir nach Vathy zurück.
Diesmal hatten meine Wirthinnen für mich eine Schüssel
Bratfische bereit, und es gab ausserdem Kartoffeln, frische
Träubchen in Ueberfluss und Wein.

FÜNFTES KAPITEL.

Wunderbarer alter Weg. — Γράμματα Ὀδυσσέως. — Feld des Laërtes. — Vorlesung aus Homer in Gegenwart der Einwohner von St.-Johann und Leuke: ihr Enthusiasmus und ihre Gastfreundschaft. — Charakter des Ithakesiers, des Musters aller Tugenden. — Sein Patriotismus. — Häufiges Vorkommen der Namen Penelope, Odysseus und Telemach. — Sprichwörtliche Unwissenheit der Geistlichkeit. — Hundertneunundvierzig Festtage im Jahre.

Am folgenden Tage, den 12. Juli, brach ich mit meinem Führer, wie gewöhnlich, um 5 Uhr Morgens auf, zunächst um den alten Weg zu erforschen, dessen Spuren ich den Tag vorher entdeckt hatte, und sodann den Norden der Insel zu besuchen. Die Spuren des alten Weges befinden sich auf der steilen Westseite des Berges Sella, welcher, wie ich schon gesagt habe, nur eine Fortsetzung des Aëtos ist und ungefähr vier Kilometer nördlich von diesem liegt. Da ich zu Pferde nicht dorthin gelangen konnte und erfuhr, dass der alte Weg beim Dorfe Ἁγίου Ἰωάννου *(St.-Johann)* nach Weinbergen am Meeresufer führt, welche die Tradition als Ἄγρος Λαέρτου *(Feld des Laertes)* bezeichnet, so schickte ich meinen Führer mit dem Pferde dorthin, und liess mich von einem andern Manne nach dem alten Wege zum Landgut von Odysseus' Vater bringen.

Mit vieler Mühe erstieg ich den Sella, welcher wohl 100 Meter hoch ist und sich auf der Ostseite unter einem

Winkel von 50 Grad erhebt, während sein Abhang auf der
Meeresseite noch schroffer ist. Auf dem Gipfel angekommen,
hatten wir auf der andern Seite noch etwa 33 Meter zurückzulegen, um zu dem Wege zu gelangen, welcher ohne
Zweifel aus dem fernen Alterthume herrührt und selbst in
seinen Resten noch wie ein Wunder erscheint. Er ist ganz
in den Felsen gehauen, hat 4 Meter Breite und an den Seiten, in Zwischenräumen von ungefähr 20 Meter, kleine, aus
grossen, plump behauenen Steinen erbaute Schutzthürme.
Ungeheure Steinmassen müssen fortgeschafft worden sein,
um diesen Weg in den Felsen zu hauen, der nicht unter
55 Grad abfällt. Winterregen von 31 Jahrhunderten haben
ihn verwüstet; aber was von ihm geblieben ist, lässt hinlänglich ahnen, was er in der Zeit des grossen Königs
Odysseus gewesen ist.

Von hier aus sieht man deutlich, wie der Weg sich nach
Süden quer über die Berge Chordakia und Paläa-Moschata
hinzieht und dann in der Richtung nach Odysseus' Palaste
den Aëtos hinaufsteigt. Auch im Norden führt er allmählich in der Richtung der Weinberge unterhalb des Dorfes
St.-Johann herab.

Das ist der Weg, auf welchem, wie Homer sagt (*Od.*
XXIV, 205—207), Odysseus und Telemach sich nach dem
Felde des Laërtes begaben.

Οἱ δ' ἐπεὶ ἐκ πόλιος κατέβαν, τάχα δ' ἀγρὸν ἵκοντο
Καλὸν Λαέρταο τετυγμένον, ὅν ῥά ποτ' αὐτὸς
Λαέρτης κτεάτισσεν, ἐπεὶ μάλα πόλλ' ἐμόγησεν.

„Da stiegen sie von der Stadt hinab und kamen bald
auf dem wohl bebauten Felde des Laërtes an, welches dieser mit vieler Mühe sich erworben hatte."

Ich stieg in derselben Richtung hinab und fand ungefähr auf der Hälfte des Weges ein griechisches Delta,
33 Centimeter hoch und ebenso breit, in einen 3 Meter
30 Centimeter langen und ebenso breiten Quaderstein gehauen. Dieser Buchstabe, von den Einwohnern γράμματα
Ὀδυσσέως genannt, scheint in der That sehr alt zu sein,
und es ist wohl möglich, dass er von Odysseus herrührt.

Bald kam ich auf dem Felde des Laërtes an, wo ich
mich niedersetzte, um auszuruhen und den 34. Gesang der
Odyssee zu lesen. Die Ankunft eines Fremden ist schon
in der Hauptstadt von Ithaka ein Ereigniss, wie viel mehr
noch auf dem Lande. Kaum hatte ich mich gesetzt, so
drängten sich die Dorfbewohner um mich und überhäuften
mich mit Fragen. Ich hielt es für das Klügste, ihnen den
24. Gesang der Odyssee vom 205. bis 412. Verse laut vorzulesen und Wort für Wort in ihren Dialekt zu übersetzen.
Grenzenlos war ihre Begeisterung, als sie in der wohlklin-
genden Sprache Homers, in der Sprache ihrer glorreichen
Vorfahren vor dreitausend Jahren, die schrecklichen Leiden
erzählen hörten, welche der alte König Laërtes grade an
der Stelle erduldet hatte, wo wir versammelt waren, und bei
der Schilderung seiner hohen Freude, als er an demselben
Orte nach zwanzigjähriger Trennung seinen geliebten Sohn
Odysseus, den er für todt gehalten hatte, wiederfand. Aller
Augen schwammen in Thränen, und als ich meine Vorlesung beendet hatte, kamen Männer, Frauen und Kinder,
alle an mich heran und umarmten mich mit den Worten:
Μεγάλην χαρὰν μᾶς ἔκαμες κατὰ πολλὰ σὲ εὐχαριστοῦμεν (*Du
has uns eine grosse Freude gemacht, wir danken dir tausendmal*). Man trug mich im Triumph ins Dorf, wo alle mit
einander wetteiferten, mir ihre Gastfreundschaft in reich-

stem Maasse zu Theil werden zu lassen, ohne die geringste
Entschädigung dafür annehmen zu wollen. Man wollte
mich nicht eher abreisen lassen, als bis ich einen zweiten
Besuch im Dorfe versprochen hatte.

Endlich, gegen 10 Uhr Morgens, setzte ich meinen
Marsch auf dem Abhange des Berges Anoge (*des alten Neritos*) fort, und nach anderthalb Stunden kamen wir in dem
reizenden Dorfe Leuke an. Man war schon von meinem
Besuche unterrichtet, und die Einwohner, mit dem Priester
an der Spitze, kamen mir in einer beträchtlichen Entfernung vom Dorfe entgegen, empfingen mich mit dem Aus-
druck der lebhaftesten Freude und gaben sich nicht eher
zufrieden, als bis ich Allen die Hand gedrückt hatte. Es
war Mittag, als wir im Dorfe ankamen, und da ich noch die
Stelle des alten Polisthales und seine Akropolis, das Dorf
Stavros und das Kloster der heiligen Jungfrau auf dem
Gipfel des Anoge zu besuchen vorhatte, so wollte ich mich
in Leuke nicht aufhalten. Aber man bat mich so dringlich,
einige Stellen aus der Odyssee vorzulesen, dass ich mich
endlich gezwungen sah nachzugeben. Um von Allen verstanden zu werden, nahm ich einen Tisch unter einer Platane mitten im Dorfe als Tribüne und las mit lauter Stimme
den 23. Gesang der Odyssee von Vers 1—247 vor, wo erzählt wird, wie die Königin von Ithaka, die keuscheste und
beste der Frauen, ihren angebeteten Gemahl nach zwanzigjähriger Trennung wieder erkennt. Obgleich ich dieses
Kapitel schon unzählig oft gelesen habe, so war ich doch
stets beim Lesen desselben lebhaft gerührt, und den näm-
lichen Eindruck machten diese prächtigen Verse auf meine
Zuhörer; alle weinten und ich weinte mit. Nach Beendigung meiner Vorlesung wollte man mich durchaus bis zum

folgenden Tage im Dorfe behalten, aber ich lehnte dies entschieden ab.

Man brachte mir eine Menge alter griechischer Münzen,
darunter sehr seltene Stücke; alle diese Münzen waren bei
Ausgrabungen in der Nähe der Stadt Polis gefunden worden. Man wollte sie mir umsonst geben, und erst nach vielem Bitten nahm man 20 Franken an. Mit grosser Mühe
gelang es mir endlich, mich von diesen braven Dorfbewoh-
nern zu trennen, aber nicht ohne vorher mit ihnen ange-
stossen und jeden geküsst zu haben.

Die Einwohner von Ithaka sind freimüthig und bieder,
ausserordentlich keusch und fromm, gastfrei und mildthätig,
lebhaft und arbeitsam, gefühlvoll und zutraulich, reinlich
und sorgfältig; sie besitzen im höchsten Grade Klugheit
und Weisheit, diese beiden erhabenen Tugenden, das Erbe
ihres grossen Ahnherrn Odysseus. Der Ehebruch wird bei
ihnen für ein ebenso abscheuliches Verbrechen angesehen,
wie Vater- und Muttermord, und wer sich dessen schuldig
machte, würde ohne Erbarmen umgebracht werden. Sie
sind ohne wissenschaftliche Bildung, und ich wage die Behauptung auszusprechen, dass von funfzig kaum einer lesen
und schreiben kann; aber was ihnen an Gelehrsamkeit ab-
geht, ersetzen sie durch eine so natürliche Lebhaftigkeit
des Geistes, dass ich einen hohen Reiz in ihrer Unterhaltung finde. Kaum bin ich eine Viertelstunde mit einem
Ithakesier zusammen, so kenne ich schon seinen ganzen
Lebenslauf und alle seine Geheimnisse; er theilt mir alles
mit, nur weil er das Bedürfniss empfindet, sein Herz aus-
zuschütten, und ohne den leisesten Schatten eines Hinter-
gedankens.

In Griechenland gebraucht man, wie anderwärts, bei

der Anrede das Wort Σεῖς (*Sie*); aber die Natürlichkeit der Ithakesier ist so gross, dass sie mit diesem Worte niemals eine einzelne Person anreden, und nicht nur die Herren, sondern sogar die Damen der vornehmsten Familien in der Hauptstadt duzen mich.

Die grenzenlose Vaterlandsliebe, von der wir an Odysseus ein Beispiel haben, welcher die Rückkehr in sein angebetetes Vaterland der von der Kalypso ihm angebotenen Unsterblichkeit vorzieht *(Od.* V, 203—224), diese Vaterlandsliebe ist noch heutigen Tages ebenso lebendig bei den Bewohnern der Insel, und so oft ich auf meinen Reisen im Orient einen Ithakesier antraf und ihn frug: ᾽Απὸ ποῖον μέρος τῆς Ἑλλάδος εἶσθε *(Aus welcher Gegend Griechenlands sind Sie.),* so antwortete er, stolz auf seine Nationalität, mit erhobenem Haupte: „Εἶμαι ᾽Ιθακήσιος μὰ τὸν Θεόν!" *(Ich bin ein Ithakesier, bei Gott!).*

Ein anderer Beweis ihres Patriotismus und ihrer Verehrung für das Andenken ihrer glorreichen Vorfahren liegt darin, dass fast in jeder Familie eine Tochter Namens Penelope und zwei Söhne sind, welche Odysseus und Telemachos heissen.

In Folge ihrer unermüdlichen Thätigkeit sind diese braven Leute frei von Noth, und niemals sah ich auf Ithaka einen Bettler.

Wie im übrigen Griechenland, wird auch hier die Geistlichkeit nicht besoldet und muss von den schwachen Einkünften der Taufen, Begräbnisse, Heirathen u. s. w. ihr Leben fristen. In Folge dessen ist das Leben des griechischen Priesters ein fortwährender Kampf mit dem Mangel, und da die Laufbahn des Geistlichen keine Versorgung bietet, so wollen die jungen Leute nicht gern Theologie

studiren. Deshalb wird man in diesem Lande mehr aus
Trägheit, als aus Ueberzeugung Priester, was das Sprichwort so prächtig ausdrückt:

’Αμαθὴς καὶ κακοήθης,
’Ακαμάτης καὶ φαγᾶς,
Οὐδὲν πλέον δὲν τὸν μένει
Παρὰ νὰ γενῇ παπᾶς.

(*Er ist unwissend und unmoralisch, ein Faulpelz und
Vielfrass: es bleibt ihm nichts übrig als Priester zu werden.*)

Natürlich kann die Civilisation in einem Lande keine
Fortschritte machen, wo viele Stellvertreter Gottes nur
wegen ihrer Unwissenheit und Unfähigkeit zu jeder anderen Beschäftigung sich seinem Dienste gewidmet haben,
umsomehr als sie bei aller ihrer Unwissenheit einen grossen
Einfluss auf das Volk ausüben. Mein erlauchter Freund,
der Erzbischof Theokletos Vimpos in Athen, wird nicht
müde, gegen diesen Zustand der Dinge in Predigten und
Schriften zu eifern; aber bis jetzt ist noch von keiner
Reform etwas zu hören.

Ein grosses Unglück, welches Ithaka mit ganz Griechenland gemein hat, ist der Umstand, dass ausser den 52 Sonn-
tagen jährlich 97 Festtage, also im Ganzen 149 Tage gefeiert werden. Dieser ungeheure Missbrauch ist natürlich
ein grosses Hinderniss für die Entwickelung der landwirth-
schaftlichen und gewerblichen Industrie.

SECHSTES KAPITEL.

Wir setzten unsern Weg auf dem Abhange des Gebirges fort und sahen endlich, 50 Meter unter uns, das frucht-
bare Polis-Thal an einem prachtvollen Golf an der Westküste der Insel.

Um einen weiten Umweg zu vermeiden, stiegen wir mit
vieler Mühe den jähen Abhang hinab und kamen um
$3^1/_2$ Uhr Nachmittags unten im Thale an. Als ich mich
während des Hinabsteigens an die Steine und das Gesträuch anklammerte, um nicht zu fallen, musste ich lachen,
indem ich daran dachte, dass fast alle Archäologen, welche
Ithaka besucht haben, die Homerische Hauptstadt in das
Polis-Thal verlegen, während sie sich nach Homers Angaben auf einer Anhöhe befand, denn Odysseus und Telemachos *stiegen von der Stadt hinab, als sie zum Garten des
Laërtes gingen* (*Od.* XXIV, 205—206); wären sie aber von
Polis dorthin gegangen, so hätten sie nothwendiger Weise
hinaufsteigen müssen.

Die zahlreichen Ruinen, mit welchen das Polis-Thal wie
besäet ist, und selbst der Name Polis (*Stadt*) lassen keinen
Zweifel, dass hier im Alterthume eine Stadt von einiger
Bedeutung gestanden hat. Indess werde ich später auf die
Homerische Hauptstadt zurückkommen und den Beweis zu
liefern suchen, dass sie im Polis-Thale nicht wohl hat liegen können.

Jetzt ist das Thal mit Weinbergen bepflanzt, und nur
ein einziges Häuschen vorhanden. Ich frug den Besitzer,
ob er nicht Antiquitäten zu verkaufen hätte. Er verneinte
meine Frage, wies mich aber an einen gewissen Dmitrios
Loïsos, aus dem Dorfe Kaluvia, der soeben beim Graben
einer Kalkgrube am Meeresufer, grade im Hafen von Polis,
ein Grab mit vielen merkwürdigen Dingen entdeckt hätte.
Er führte mich nach dem Orte hin und der genannte Loïsos
beeilte sich, mir die im Grabe gefundenen Gegenstände,
sowie den Stein zu zeigen, mit dem es verschlossen gewesen war.

Bei näherer Betrachtung der Oertlichkeit erkannte ich
ohne Mühe, dass sich an dieser Stelle eine ungeheure Höhle,
mit der Oeffnung gegen das Meer, befunden hatte, deren
Decke wahrscheinlich in Folge eines Erdbebens eingestürzt
war. Ohne Zweifel hatte die Decke beim Fallen den Grab-
stein zertrümmert, von dem nur ein 70 Centimeter langes
und 50 Centimeter breites Stück mit folgender Inschrift
übriggeblieben war:

```
⊕ΛΝΛΜƎΜ
   ΙΜΛΤ
   Μ⊟ƎP
  ٩ΛΤΜΛ
  ƎP⟨◇◇
   ƎƎ٩C
   Ν▢Ɛ
```

Wie man sieht, fehlen viele Buchstaben an dieser Inschrift.

Der übrige Theil des Sarkophags, welcher 3 Meter lang
war, bestand ebenfalls aus Stein, war aber ohne Inschrift
und sehr verstümmelt.

Der Arbeiter zeigte mir die menschlichen Gebeine,
welche er darin gefunden hatte und die, besonders der
Kopf, gut erhalten waren. Ausserdem hatte er noch folgende Gegenstände mit ausgegraben: Eine bronzene Lanze,
zwei ägyptische Scarabäen, auf deren einem die Hierogly-
phen sehr deutlich zu lesen sind; einen steinernen Ring;
acht kupferne Münzen, von denen die eine auf der einen
Seite einen Adler, auf der anderen einen mit einem Lor-
beerkranze geschmückten Bacchuskopf, nebst der Inschrift
ΑΙΓΙΕΩΝ, hat, während die sieben anderen von Rost
zerfressen waren; ferner ein thönernes Bild der Minerva;
ein Stück von einer steinernen Flöte mit der Inschrift:
ΗϞΑPΤΜ; ein Stück polirten Stein, welcher grosse
Aehnlichkeit mit einem Widderhorne hat; kleine Würfel
von grünem Stein und endlich die Trümmer eines bronzenen Degens.

Der biedere Arbeiter schien eine grössere Vorliebe für

Geld, als für den Homer zu haben; er verlangte anfänglich
nicht weniger als 200 Franken für seinen Fund; endlich
nach vielem Handeln begnügte er sich mit 25 Franken.

Der Umstand, dass sich eine Lanze und ein Degen, namentlich von solcher Grösse, im Sarkophage fand, weist
wohl unzweifelhaft darauf hin, dass der Verstorbene ein
vornehmer Krieger gewesen sein mag.

Dmitrios Loïsos war eben beschäftigt, den Boden neben
jenem Grabe zu durchsuchen. Es dauerte nicht lange, so
fand er zwei dicke eiserne Nägel, welche dermassen von
Rost angefressen waren, dass sie beim Berühren mit der
Hand in kleine Stücke zerfielen. „Aus dem Vorhandensein
dieser Nägel glaube ich schliessen zu dürfen, dass sich an
dieser Stelle ein hölzerner Sarg befunden hat." Kaum hatte
ich diese Worte an den Arbeiter gerichtet, als er ein plum-
pes phönicisches Götzenbild von gebrannter Erde, eine
zierliche kleine Statue der Minerva aus demselben Stoffe,
und mehre kupferne, von Rost angefressene Münzen zu
Tage förderte. Ich kaufte ihm alle diese Sachen für 1 Fr.
40 Cent. ab.

Unmittelbar über dieser Stelle, auf einem 100 Meter
hohen Hügel, sieht man die Ruinen der alten Akropolis von
Polis. Ich stieg hinauf, um sie näher zu besichtigen; aber
es ist nichts mehr vorhanden als die Einschliessungsmauern
aus grob behauenen, 1 bis 2 Meter langen und 1 Meter bis
1 Meter 30 Centimeter breiten Steinen. Man hatte hier soeben im Felsen ein Grab entdeckt, doch fand man darin
nur Knochenreste und einen silbernen Ring; eine Inschrift
war nicht vorhanden. Die Burg ist im Vergleich mit
dem Palaste des Odysseus auf dem Aëtos sehr unbedeutend.
Von hier aus sieht man ganz deutlich die kleine Insel Das-

kalion, welche 10 Kilometer im Nordwesten von Polis und
3 Kilometer von Kephalonia liegt.

Der Name Daskalion ist ohne Zweifel nur eine Abkür-
zung von Διδασκαλεῖον (*Schule*); im 17. Jahrhundert hatte
nämlich ein Mönch dort eine Schule errichtet. Gegenwärtig
ist die Insel unbewohnt; doch ist ein Haus und eine kleine
Kirche vorhanden, in welcher ein Priester aus Kephalonia
zweimal im Monat Messe liest. Da dies die einzige Insel in
der Meerenge ist, welche Ithaka von Kephalonia trennt, so
hält man sie für die Insel Asteris bei Homer (*Od.* IV,
842—847), aber mit Unrecht. Ich werde hierauf später zurückkommen und die Unmöglichkeit dieser Behauptung
mit zahlreichen Beweisen erhärten.

Hierauf besuchten wir die beiden Quellen, welche gewöhnlich „αἱ δύο πηγαὶ μελανύδατος" (*die beiden Schwarz-
wasserquellen*) genannt werden, deren obgleich vollkommen klares Wasser die sonderbare Eigenthümlichkeit hat,
schwarz zu färben.

In der Nähe dieser beiden Quellen, mitten in einem sehr
fruchtbaren Thale, befindet sich ein Gebäude ohne Dach
von 8 Meter 33 Centimeter Länge bei 5 Meter 32 Centimeter Breite und 3 Meter Höhe, welches die Tradition als die
Schule Homers bezeichnet. Die Mauern sind von 1 Meter
67 Centimeter langen und ebenso breiten Quadersteinen
erbaut, die ohne Cement und Verband übereinander liegen.
Die untere Steinreihe scheint viel älter zu sein als die
übrigen. In einer der Mauern ist eine Nische, in der wahrscheinlich eine Statue gestanden hat.

In der Nähe dieses Gebäudes führt eine in den Felsen
gehauene, aber durch die Zeit fast zerstörte Treppe, deren

Stufen man kaum noch erkennen kann, in einen prachtvollen Weinberg.

Nachdem wir in dem benachbarten Dorfe Stavros, wo
man mir gleichfalls den herzlichsten Empfang zu Theil werden liess, etwas ausgeruht hatten, bestiegen wir den Berg
Anoge, Homers *Neritos*, welcher sich ungefähr 1000 Meter
über den Meeresspiegel erhebt.

Anstatt der Wälder, mit welchen dieser Berg zur Zeit
Homers bedeckt war, sieht man jetzt nur noch wenige Oelbäume. Ein ungefähr 2 Meter 66 Centimeter breiter und
ziemlich guter Weg führt spiralförmig vom Dorfe Stavros
zum Kloster der heiligen Jungfrau auf dem Gipfel des Berges, und von da im Zickzack auf der Südseite ins Thal
hinunter. Das Hinaufsteigen ist etwas beschwerlich; aber
ist man einmal auf dem Gipfel angekommen, so wird man
für seine Mühe durch das wirklich prachtvolle Panorama
reichlich belohnt; man sieht von da die ganze Insel Ithaka
mit ihren zahlreichen Meerbusen, alle ionischen Inseln
(Korfu ausgenommen), Akarnanien und den Peloponnes.

Erst mit einbrechender Nacht kehrten wir nach Vathy
zurück.

Am folgenden Tage, den 13. Juli, nahm ich vier Uhr
Morgens, wie gewöhnlich, mein Bad auf einer kleinen mitten im Hafen liegenden Insel. Auf dieser Insel hatten die
Engländer ein Gefängniss, solange die ionischen Inseln sich
noch unter ihrem Schutze befanden. Jetzt sind die Gefäng-
nisszellen leer und werden als Seearsenal benutzt. Rings
um dieses Gefängniss geht ein grosses Trottoir. Hier ent-
kleidet man sich und mit einem Sprunge ist man in dem
acht bis zehn Klafter tiefen Wasser, dessen Temperatur
des Morgens 28, des Abends 30 Grad ist.

Nach dem Bade machte ich mich mit meinem Führer auf den Weg, um den südlichen Theil der Insel zu besuchen.

Anfangs war der Weg gut, bald aber ging er in einen elenden Fusssteig über, so steil und voll glatter Steine, dass ich vom Pferde steigen und zu Fusse gehen musste. Nach zwei Stunden erreichten wir die berühmte Arethusa-Quelle am Fusse eines senkrechten, 34 Meter hohen Felsen, welcher Korax (der Rabe) genannt wird.

Diese Quelle muss in früheren Zeiten einen ausserordentlich reichen und kräftigen Wasserstrahl gegeben haben; denn vor ihr befindet sich das trockne Bett eines 34 Meter tiefen und 70 Meter breiten Stromes, das sich einen Kilometer weit bis zum Meere ausdehnt. Sicherlich hat das mit Ungestüm fliessende Wasser der Arethusa sich selbst dieses Bett in den Felsen gegraben. Jetzt aber fliesst die Quelle so langsam, dass man nicht 200 Liter Wasser täglich schöpfen könnte.

Homer spricht von der Arethusa und dem Rabenfelsen in den schönen Versen (*Od.* XIII, 407—410):

Δήεις τόνγε σύεσσι παρήμενον   αἱ δὲ νέμονται
Πὰρ Κόρακος πέτρῃ, ἐπί τε κρήνῃ Ἀρεθούσῃ,
Ἔσθουσαι βάλανον μενοεικέα, καὶ μέλαν ὕδωρ
Πίνουσαι, τάθ' ὕεσσι τρέφει τεθαλυῖαν ἀλοιφήν.

„Du findest ihn bei der Heerde, die am Rabenfelsen süsse Eicheln weidet, in der Nähe der Quelle Arethusa, und schwarzes Wasser trinkt, das den Schweinen ein blühendes Fett giebt."

Die Lage dieser Quelle, welche im Norden durch den senkrechten Rabenfelsen und im Süden durch einen Abhang begrenzt wird, der unter einem Winkel von 55 bis 60 Grad sich nach dem benachbarten Meere hinabzieht, widerstreitet aber der Annahme, dass die Schweineheerden sich der Arethusa selbst hätten nähern oder ihr gegenüber an der Meeresseite hätten gehütet werden können. Unmittelbar jenseit des Rabenfelsen aber, 80 Meter über dem Meeresspiegel, liegt ein ebenes und sehr fruchtbares Plateau, das im Norden durch einen Felsenhügel von einigen Meter Höhe begrenzt wird. Am Fusse dieses Hügels auf der Südseite befinden sich Ruinen, in welchen ich zehn Gebäude entdeckt habe, von denen jedes nur ein Gemach von 3 Meter 33 Centimeter Länge bei gleicher Breite enthält. Diese Gebäude sind nebeneinander aus grobbehauenen Steinen von 1 bis 2 Meter Länge und 66 Centimeter bis 1 Meter Breite und Höhe erbaut. Drei von diesen Gebäuden hat man zum Theil im Felsen selbst angebracht. Zehn Meter südlich von diesen Ruinen sieht man die Trümmer eines Gebäudes von ungefähr 15 Meter Länge bei gleicher Breite.

In diesem Plateau erkennt man leicht das Feld, wo der göttliche Sauhirt Eumaios Hof, Haus und zwölf Ställe für die Schweine errichtet hatte; denn abgesehen davon, dass es kein anderes ebenes Feld in der ganzen Umgegend giebt, entspricht dieses vollkommen den Worten Homers (*Od.* XIV, 6): „Περισκέπτῳ ἐνὶ χώρῳ", welche in wörtlicher Uebersetzung bedeuten: *in einem ringsum sichtbaren Felde*, d. h. auf einer Hochebene. Ausserdem liegt dieses Plateau unmittelbar über dem Rabenfelsen, auf den Homer anspielt, wenn Odysseus seinen Wirth auffordert, ihn von dem hohen

Felsen hinabzustürzen, sofern er nicht die Wahrheit sage (*Od.* XIV, 398—400):

Εἰ δέ κε μὴ ἔλθῃσιν ἄναξ τεός, ὡς ἀγορεύω,
Δμῶας ἐπισσεύας, βαλέειν μεγάλης κατὰ πέτρης,
Ὄφρα καὶ ἄλλος πτωχὸς ἀλεύεται ἠπεροπεύειν.

„Wenn der König nicht kommt, wie ich sage, so befiehl deinen Dienern, mich von diesem hohen Felsen hinabzustürzen, damit ein anderer Landstreicher sich hüte zu lügen."

Ebenso erkennt man in den Ruinen der cyklopischen Bauwerke zehn von den zwölf Schweineställen, welche Homer (*Od.* XIV, 13—16) erwähnt:

Ἔντοσθεν δ' αὐλῆς συφεοὺς δυοκαίδεκα ποίει
Πλησίον ἀλλήλων, εὐνὰς συσίν · ἐν δὲ ἑκάστῳ
Πεντήκοντα σύες χαμαιευνάδες ἐρχατόωντο,
Θήλειαι τοκάδες τοὶ δ' ἄρσενες ἐκτὸς ἴαυον.

„Im Innern des Hofes hatte er nebeneinander zwölf Ställe für die Schweine erbaut. In jedem waren funfzig Sauen, auf der Erde ausgestreckt; die Eber schliefen ausserhalb der Ställe."

Von diesem Plateau zieht sich bis zur Mündung des tiefen Strombettes ins Meer ein Abhang hin, über den jedenfalls Morgens und Abends die Schweineheerden zur Tränke in der Arethusaquelle getrieben wurden, denn es gibt keine andere Quelle in der ganzen Umgegend. Zwar wird dieser Abhang, welcher anfänglich sich nur allmälig senkt, auf den 33 letzten Metern seiner Länge immer steiler und fällt unter einem Winkel von 36 Grad, sodass es fast unmöglich scheint, wie fette Schweine, besonders trächtige Sauen, ihn zweimal des Tages haben hinauf und hinabsteigen können. Jedenfalls war aber im Alterthume an dieser Stelle ein breiter und bequemer Weg, der im Zickzack hinabging. Ich habe mir alle Mühe gegeben, die Spuren dieses Weges aufzufinden; da ich aber keine Werkzeuge zum Graben bei mir hatte, waren meine Nachforschungen vergeblich.

Die Heerden des Eumaios wurden mit Eicheln gemästet (*Od.* XIII, 409). Ithaka muss also damals reich an Eichen gewesen sein; jetzt sind sie gänzlich von der Insel verschwunden.

Der einzige Baum, welcher auf Ithaka angepflanzt wird, ist der Oelbaum; vor zwei Jahren hat sich indess an ihm eine Krankheit gezeigt, und bis jetzt sind alle Bemühungen, derselben abzuhelfen, ohne Erfolg geblieben. Rinde und Blätter des kranken Oelbaums werden schwärzlich und verbreiten einen widrigen Geruch; der Baum blüht noch, aber die wenigen Früchte, welche er trägt, bleiben dürftig und fallen vor der Reife ab. Bis jetzt ist das Uebel auf eine gewisse Anzahl von Bäumen beschränkt geblieben, und man hält es nicht für ansteckend; indess mehrt sich die Zahl der kranken Bäume.

Die Traubenkrankheit ist gleichfalls bei Weitem noch nicht beseitigt. Man wendet das Schwefeln dagegen an; aber das Uebel erscheint sofort wieder, wenn man es vernachlässigt. Wenn man z. B. einen Weinstock schwefelt und nur eine einzige Traube dabei übersieht, so zeigt sich die Krankheit unvermeidlich an dieser.

SIEBENTES KAPITEL.

In den Wohnungen auf dem Lande lebt das klassische Alterthum wieder auf. — Wildheit der Hunde, welche man dadurch besänftigt, dass man sich vor ihnen demüthig zeigt. — Muster eines alten Landmannes von Ithaka; sein Patriotismus, sein Nationalstolz, seine Wissbegierde — Nächtliches Bad. — Alter Weg von der Arethusa nach dem Palaste des Odysseus. — Identität des östlichen Abhanges des Berges Paläa-Moschata mit der Baustelle der Homerischen Hauptstadt.

Dienstag den 14. Juli machte ich mich um 5 Uhr Morgens zu Pferde mit meinem Führer auf, um den südöstlichen und südlichen Theil der Insel, auf der linken Seite der Arethusa, zu erforschen. Aber die Terrainschwierigkeiten waren so gross, dass wir bald das Pferd auf einem Felde stehen lassen und den übrigen Theil der Excursion zu Fuss machen mussten.

In jedem Bauernhause auf der Insel Ithaka sieht man das klassische Alterthum wieder aufleben, und unwillkürlich wird man an die Beschreibung erinnert, welche Homer vom Gehöfte des göttlichen Sauhirten Eumaios giebt (*Od.* XIV, 5—12):

Τὸν δ' ἄρ' ἐνὶ προδόμῳ εὗρ' ἥμενον, ἔνθα οἱ αὐλή
Ὑψηλὴ δέδμητο, περισκέπτῳ ἐνὶ χώρῳ,
Καλή τε μεγάλη τε, περίδρομος · ἥν ῥα συβώτης

Αὐτὸς δείμαθ' ὕεσσιν, ἀποιχομένοιο ἄνακτος,
Νόσφιν δεσποίνης καὶ Λαέρταο γέροντος,
Ῥυτοῖσιν λάεσσι, καὶ ἐθρίγκωσεν ἀχέρδῳ,
Σταυροὺς δ' ἐκτὸς ἔλασσε διαμπερὲς ἔνθα καὶ ἔνθα,
Πυκνοὺς καὶ θαμέας, τὸ μέλαν δρυὸς ἀμφικεάσσας.

„Er fand ihn auf der Schwelle seines Hauses sitzend,
da, wo auf einer Hochfläche er einzelnstehende hohe, grosse
und schöne Ställe errichtet hatte; der Sauhirt hatte sie selbst
gebaut für die Schweine, in Abwesenheit des Königs, ohne
Hülfe der Gebieterin und des Greises Laërtes, aus Steinen,
die er selbst herbeischaffte; er hatte sie mit einer Dornen-
hecke eingeschlossen und von aussen eine fortlaufende
Reihe starker und zahlreicher Pfähle eingerammt, die aus
dem schwarzen Kernholze der Eiche geschnitten waren.“

Die Wohnungen sind immer auf Hochflächen erbaut;
sie befinden sich stets in der Mitte eines Viehhofes und sind
von einer Mauer aus nachlässig übereinander geschichteten
Kieselsteinen umgeben; der obere Theil dieser Mauer ist
stets mit einer Hecke von dürren Dornen und einer Palis-
sade von spitzen Pfählen versehen.

So oft ich mich diesen auf den Feldern einzeln liegenden
Wohnungen näherte, um Weintrauben zu kaufen, oder
Wasser zu trinken, wurde ich von Hunden angefallen.
Bisher war es mir immer gelungen, sie in ehrerbietiger
Entfernung zu halten, indem ich Steine nach ihnen warf
oder nur that, als wollte ich sie werfen. Als ich aber
an diesem Tage in einen Bauerhof im Süden der Insel
eintreten wollte, stürzten mit aller Wuth vier Hunde auf
mich los und liessen sich weder durch Steine noch durch
Drohungen einschüchtern. Ich rief laut um Hülfe; aber

mein Führer war zurückgeblieben, und es schien, als wenn
kein Mensch im Hause wäre. In dieser schrecklichen Lage
fiel mir zum Glück ein, was Odysseus in einer ähnlichen
Gefahr gemacht hatte (*Od.* XIV, 29—31):

Ἐξαπίνης δ' Ὀδυσῆα ἴδον κύνες ὑλακόμωροι
Οἱ μὲν κεκλήγοντες ἐπέδραμον · αὐτὰρ Ὀδυσσεὺς
Ἕζετο κερδοσύνῃ, σκῆπτρον δὲ οἱ ἔκπεσε χειρός.

„Sobald die bellenden Hunde den Odysseus sahen, kamen sie heulend herbeigelaufen; Odysseus aber setzte sich
kluger Weise auf die Erde und liess seinen Stab aus der
Hand fallen."

Ich folgte also dem Beispiele des weisen Königs, indem
ich mich getrost auf die Erde setzte und mich ganz still
verhielt. Sogleich schlossen die vier Hunde, die mich soeben noch hatten verschlingen wollen, einen Kreis um mich
und fuhren fort zu bellen, rührten mich aber nicht an. Bei
der geringsten Bewegung würden sie mich gebissen haben;
aber dadurch, dass ich mich vor ihnen demüthig zeigte, be-
sänftigte ich ihre Wildheit.

Diese Eigenthümlichkeit des Hundecharakters findet
man bei Plinius bestätigt (VIII, 61 *ed. F. Didot*): *Impetus*
canum et saevitia mitigatur ab homine considente humi (man
hemmt den Ungestüm und die Wuth der Hunde, wenn man
sich auf die Erde setzt). Auch Aristoteles sagt (*Rhet.* II, 3):
„Ὅτι δὲ πρὸς τοὺς ταπεινουμένους παύεται ἡ ὀργὴ καὶ οἱ κύνες
δηλοῦσιν οὐ δάκνοντες τοὺς καθίζοντας" (dass der Zorn sich
legt gegen diejenigen, welche sich demüthig zeigen, wird auch
durch die Hunde bewiesen, welche den nicht beissen, der sich
auf die Erde setzt).

Mein Führer, welcher meine verzweifelte Lage sah, brachte durch lautes Rufen den Hausherrn herbei, der nicht weit von seiner Wohnung in einem Weinberge beschäftigt war. Sofort rief er die Hunde und befreite mich aus meiner Lage. Er war ein siebzigjähriger Greis mit sanften Zügen, grossen, intelligenten Augen und einer Adlernase; sein schneeweisses Haupthaar bildete einen sonderbaren Contrast zu seiner von der Sonnenglut geschwärzten Gesichtsfarbe. Nach der Gewohnheit der Bauern ging er barfuss und trug die weisse, baumwollene *Fustanella*, welche um den Leib herum über dem Bauche befestigt wird und in unzähligen Falten bis auf die Knie herabreicht.

Die Fustanella ist eine ursprünglich albanesische Tracht und von den Griechen erst seit der Revolution angenommen. In Albanien hat sie sich seit dem fernsten Alterthume erhalten; man findet sie häufig an alten Statuen, namentlich der des Königs Pyrrhus von Epirus im Museum zu Neapel.

Ich machte dem alten Manne heftige Vorwürfe wegen der Wildheit seiner Hunde, die mich zerrissen oder wenigstens grausam gebissen haben würden, wenn ich mich im Augenblicke der drohenden Gefahr nicht des Mittels erinnert hätte, das der grosse König von Ithaka unter ähnlichen Umständen anwandte.

Er bat mich tausendmal um Entschuldigung und sagte, seine Hunde kennten die Bewohner der Umgegend ganz genau und bellten kaum, wenn dieselben näher kämen; so lange er denken könne, sei niemals ein Fremder an seine mitten in den Feldern, fast am Ende der Insel liegende Wohnung gekommen, und er habe daher eine solche Gefahr gar nicht voraussehen können.

Auf meine Frage, warum er trotz seiner sichtlichen

Armuth vier Hunde hielte, die wenigstens ebensoviel wie zwei Menschen verbrauchen müssten, antwortete er fast zornig: sein Vater, sein Grossvater und alle seine Ahnen bis auf Telemach, Odysseus und Penelope hätten ebensoviel Hunde gehalten, und er werde sich lieber Entbehrungen unterwerfen, als sich von einem seiner treuen Wächter trennen.

Ich konnte den Gründen des biedern Greises nichts entgegenhalten, den im Uebermasse seines Patriotismus und Nationalstolzes schon der Gedanke empörte, in seinem Hause weniger Hunde zu halten, als seine glorreichen Vorfahren zur Zeit des Trojanischen Krieges. Nachdem er mich, wie er glaubte, durch seine Erklärungen zufriedengestellt hatte, brachte er einen Korb voll Pfirsiche und Weintrauben, und, ein abermaliger Beweis seines Stolzes und seiner Eigenliebe, weigerte er sich entschieden, irgend eine Belohnung dafür anzunehmen. Gewiss wollte er durch diese Früchte mich für die Angst entschädigen, welche ich unter seinen Hunden ausgestanden hatte. Da ich ihn aber um jeden Preis für seine Gastfreiheit zu entschädigen wünschte, so las ich ihm die 113 ersten Verse des vierzehnten Gesanges der Odyssee in der alten Sprache vor und übersetzte sie in seinen Dialekt. Er hörte mir mit grosser Aufmerksamkeit zu, und als ich nach Beendigung meines Vortrags gehen wollte, bestand er darauf, dass ich ihm auch etwas aus der Iliade erzählen sollte, von der er nur eine unklare Vorstellung habe. Ich glaubte indess meine Schuld hinreichend abgetragen zu haben und liess mich nicht zurückhalten. Die Neugierde des Greises war aber zu sehr wach geworden, als dass er die Gelegenheit hätte vorübergehen lassen sollen, die Ereignisse des Trojanischen Krieges zu erfahren; er begleitete mich daher

den ganzen übrigen Theil des Tages zu Fuss und liess mir
keinen Augenblick Ruhe, bis er den Hauptinhalt der vierundzwanzig Gesänge der Iliade gehört hatte.

Wir durchwanderten den südlichen und südöstlichen
Theil der Insel und fanden auf zwei kleinen Hochflächen
an dem steilen Meeresufer die Ruinen mehrerer Gebäude
aus Backsteinen, Kiesel und Cement, welche, nach ihrer
Bauart zu schliessen, recht wohl bis ans Ende der römischen Republik, oder bis zum Anfang des Kaiserreichs
hinaufreichen mögen; aber trotz alles Suchens fand ich
keinen einzigen Stein cyklopischer Bauart.

Da ich bei meinen Nachforschungen mich von dem
Felde, wo mein Pferd geblieben war, zu weit entfernt hatte,
schickte ich meinen Führer hin, um es nach der Stadt zu
bringen, während ich zu Fuss mit dem Eigenthümer der
wilden Hunde dahin zurückkehrte, der eine Lust zum
Lernen zeigte, wie man sie selbst bei der Jugend nur selten
findet. Er blieb in Vathy zu Mittag bei mir und verliess
mich erst, als ich mich niederlegte und that, als ob ich
schliefe. Endlich ging er, gab aber murmelnd zu verstehen,
er werde nicht verfehlen, am Tage meiner Abreise wieder-
zukommen und mir ein letztes Lebewohl zu sagen.

Die Nacht war eine der heissesten, welche ich jemals in
Europa erlebt habe, und obgleich ich die Fenster auf beiden Seiten geöffnet hatte, zeigte mein Thermometer doch
um Mitternacht auf 35 Grad. Ich konnte vor Hitze nicht
schlafen; vielleicht war auch der Wein daran schuld, den
ich in Folge des Durstes in fast zu reichlichem Masse getrunken hatte. Ich stand deshalb um 2 Uhr Morgens auf,
verliess das Haus im Schlafrock, den ich am Ufer dicht
unter meinen Fenstern ablegte, und sprang ins Meer, dessen

Temperatur nicht unter 31 oder 32 Grad war. Bei solcher
Temperatur ist nichts angenehmer als ein Bad in einem
tiefen, ruhigen, 6 Procent Salz enthaltenden Meere, in dem
man schwimmen kann, fast ohne sich zu bewegen. Ich
schwamm durch den prachtvollen Meerbusen hinüber und
zurück und es war 4 Uhr, als ich in mein Zimmer zurückkehrte.

Meine reizenden Wirthinnen hatten schon mein Frühstück bereitet, und um halb 5 Uhr brach ich mit meinem
Führer auf, um nochmals das kleine Plateau über der Arethusa mit den Ruinen vom Hofe des Eumaios zu besichtigen, und von da aus auf dem alten Wege den nördlichen
Theil der Insel zu besuchen.

Dieser Weg ist nur 66 Centimeter bis 1 Meter breit und
geht um den Berg Neïon (jetzt St.-Stephans-Berg genannt)
herum, in einer Höhe von ungefähr 66 Meter über dem
Meeresspiegel. Er ist fast ganz in den Felsen gehauen, und
man erkennt auf den ersten Blick, dass er sehr alt ist.
Nach der Aussage der ältesten Einwohner war dieser Weg
früher der einzige Communicationsweg zwischen dem Norden und Süden der Insel, während der neue Weg erst vor
ungefähr 30 Jahren von den Engländern angelegt worden ist.

Ohne Zweifel war dies der Weg, welchen Homer (*Od.*
XIV, 1) „τρηχεῖαν ἄταρπον" *(rauher Pfad)* und (*Od.* XVII,
204) „ὁδὸν παιπαλόεσσαν" *(holprige Strasse)* nennt, auf welchem Odysseus nach seiner Ankunft im Phorkys-Hafen zu
dem treuen Hüter seiner Heerden ging, derselbe Weg, auf
welchem sich der König und Eumaios zusammen nach dem
Palaste auf dem Aëtos begaben. In der That entspricht er
vollkommen den Benennungen *rauh* und *holprig*, die ihm

der Dichter giebt, denn er ist an manchen Stellen so steil,
uneben und schlüpfrig, dass man ihn zu Pferde nicht passiren kann.

Nach einem dreistündigen Marsche kamen wir am Fusse
des Aëtos an, wo der alte Weg sich ehemals in zwei spal-
tete, von denen der eine auf der Ostseite zum Palaste des
Odysseus, der andere in den nördlichen Theil der Insel
führte. Von diesem letztern ist durch den neuen Weg,
welcher in derselben Richtung geht, jede Spur verloren gegangen; von dem ersteren aber habe ich, als ich vom Aëtos
hinabstieg, zahlreiche Reste entdeckt.

An der Stelle der alten Gabelung befindet sich eine
reichlich fliessende Quelle, deren inneres Mauerwerk ein
hohes Alterthum bezeugt. Auf sie passt genau, was Homer
(*Od.* XVII, 204—211) sagt:

Ἀλλ᾽ ὅτε δὴ στείχοντες ὁδὸν κάτα παιπαλόεσσαν
Ἄστεος ἐγγὺς ἔσαν, καὶ ἐπὶ κρήνην ἀφίκοντο
Τυκτὴν, καλλίροον, ὅθεν ὑδρεύοντο πολῖται,
Τὴν ποίησ᾽ Ἴθακος καὶ Νήριτος ἠδὲ Πολύκτωρ
Ἀμφὶ δ᾽ ἄρ᾽ αἰγείρων ὑδατοτρεφέων ἦν ἄλσος,
Πάντοσε κυκλοτερές, κατὰ δὲ ψυχρὸν ῥέεν ὕδωρ
Ὑψόθεν ἐκ πέτρης· βωμὸς δ᾽ ἐφύπερθε τέτυκτο
Νυμφάων, ὅθι πάντες ἐπιρρέζεσκον ὁδῖται.

„Als sie aber auf dem rauhen Pfade nicht weit von der
Stadt an die schön fliessende, wohleingefasste Quelle ka-
men, wo die Bürger ihr Wasser schöpften, ein Werk des
Ithakos, Neritos und Polyktor — rings um sie herum war
ein Hain von wasserliebenden Pappeln; von der Höhe des
Felsens floss kaltes Wasser herunter und über der Quelle

war ein Altar der Nymphen erbaut, auf welchem alle Wanderer zu opfern pflegten."

An dieser Quelle also begegneten Odysseus und Eumaios dem Ziegenhirten Melanthos, dem Sohne des Dolios (*Od.* XVII, 212—216).

Hierauf bestiegen wir den Berg Paläa-Moschata, die unmittelbare nördliche Fortsetzung des Aëtos. Für 50 Centimes hatten wir im Thale von einem Bauern zwei Hacken gemiethet und stellten an verschiedenen Orten auf dem Gipfel und am Abhang des Hügels bis zum Meeresufer Nachgrabungen an.

In einer Tiefe von 20—40 Centimeter fanden wir überall Trümmer von Ziegeln und Töpferwaaren, ein deutlicher Beweis, dass hier eine Stadt gestanden haben muss, und zwar, wie ich behaupten zu können glaube, die Homerische Hauptstadt, von der *Od.* XVI, 471; XVII, 205; XXIII, 137 und XXIV, 205 die Rede ist.

Wie ich schon oben gesagt habe, lag eine Stadt im Thale von Polis, und auf sie beziehen sich jedenfalls die Worte des Ptolemäus (III, 14): „Ἰθάκη, ἐν ᾗ πόλις ὁμώνυμος" (*Ithaka, mit einer gleichnamigen Stadt*) und die des Skylax in dem Abschnitt über Akarnanien: „Νῆσος Ἰθάκη καὶ πόλις καὶ λιμήν" (*die Insel Ithaka nebst Stadt und Hafen*); aber unmöglich kann damit die Homerische Hauptstadt gemeint sein, denn das Thal von Polis liegt am Meeresufer und ist von Bergen eingeschlossen. Folglich musste man von Polis aus, von welcher Seite her man auch kam, nothwendiger Weise „ἀναβαίνειν" *hinaufsteigen*, und nicht „καταβαίνειν" *hinuntersteigen*. Aber Odysseus, Telemachos und die beiden Sclaven „κατέβαν" (*stiegen von der Stadt hinunter*) (*Od.* XXIV, 205 und 206).

Auch aus den Versen (*Od.* XVI, 471—473):

Ἤδη ὑπὲρ πόλιος, ὅθι θ' Ἑρμαῖος λόφος ἐστίν,
Ἦα κιών, ὅτε νῆα θοὴν ἰδόμην κατιοῦσαν
Ἐς λιμέν' ἡμέτερον· πολλοὶ δ' ἔσαν ἄνδρες ἐν αὐτῇ.

„Ich war schon über die Stadt hinaus, dort wo der Hügel des Mercur ist, als ich ein schnelles Schiff mit vielen Männern in unsern Hafen segeln sah",

ergiebt sich wohl mit Sicherheit, dass die Stadt auf einer Anhöhe lag.

Ausserdem liegt der Weinberg, welchen die Tradition als „ἄγρος Λαέρτου" (*Feld des Laërtes*) bezeichnet, zwölf Kilometer von Polis, aber nur zwei Kilometer vom Berge Paläa-Moschata, den ich als die Stelle der Homerischen Hauptstadt bezeichne. Da nach XXIV, 205—206 Odysseus und seine Gefährten *schnell* von der Stadt aus das Feld des Laërtes erreichten, so können sie unmöglich von Polis gekommen sein. Endlich setzen die Verse XXIII, 135—148; 370—373 ausser Zweifel, dass der Palast des Odysseus in der Stadt selbst oder in ihrer Nähe gewesen ist, und wenn die Tradition, die Anspielung in der *Odyssee* II, 140—160, das Zeugniss Cicero's (*de Oratore* I, 44) und die grossartigen Ruinen, welche einunddreissig Jahrhunderten getrotzt haben, uns mit aller Sicherheit darauf führen, dass sich der Palast des Königs auf dem Berge Aëtos befand, so kann die Homerische Hauptstadt nur auf dem Gipfel und dem Abhange des Berges Paläa-Moschata gelegen haben.

Die Erforschung dieser Ortslage hatte fast den ganzen Tag in Anspruch genommen und es war bereits 7 Uhr Abends, als ich wieder in Vathy ankam. Obgleich es Mittwoch und somit ein Fasttag war, so bekam ich doch ein

reichliches Mittagsmahl von prächtigen Fischen; denn die
Fräulein Triantafyllides hatten mit ausserordentlicher
Zuvorkommenheit eigens für mich einen Fischer aus-
geschickt, mit der Versicherung, ihm abzukaufen, was er
fangen würde.

Da ich die vorige Nacht nicht geschlafen und das lange
Nachtbad und die Anstrengungen am Tage bei einer furchtbaren Hitze mich ausserordentlich ermüdet hatten, so schlief
ich bei Tische ein, noch ehe ich meine Mahlzeit beendigt
hatte, und blieb in dieser Stellung bis 5 Uhr Morgens, wo
mich die Sonne weckte, die mir grade in die Augen schien.
Schnell nahm ich ein Bad, frühstückte und brach auf, um
noch einmal den ganzen nördlichen Theil der Insel zu besuchen.

ACHTES KAPITEL.

Der Mercurshügel. — Die Golfe von Aëtos und St.-Spiridon waren
die Häfen der Homerischen Hauptstadt. — Schlagender Beweis,
dass die Insel Daskalion nicht das Homerische Asteris sein kann.
— Herzlicher Empfang in Leuke. — Abreise nach Daskalion. —
Vorlesung des Frosch- und Mäuse-Krieges. — Falsche Uebersetzung
des Wortes μῦς von französischen Philologen. — Apollodor's Irrthum in Bezug auf Asteris. — Topographie der Insel Daskalion. —
Wahrscheinliche Lage des Homerischen Asteris. — Steinbett mit
Homer als Kopfkissen.

Als ich an dem Fusse des Berges Paläa-Moschata ankam,
konnte ich dem Verlangen nicht widerstehen, ihn noch einmal zu ersteigen, um den „Ἑρμαῖος λόφος" (*Mercurshügel*)
aufzusuchen. Ohne Mühe fand ich ihn in einem kleinen
17 Meter hohen Felsen, welcher jetzt Chordakia heisst.
Nur von hier aus konnte Eumaios, nachdem er aus der
Stadt gekommen war, sehen, dass das Schiff der Freier in
den Hafen einlief und mit Männern, Schilden und zwei-
schneidigen Lanzen angefüllt war (*Od.* XVI, 472, 474). Er
musste es von hier aus sehen, sowohl wenn das Schiff in
den Golf Aëtos einlief, welcher sich auf der Ostküste der
Insel am Fusse des Aëtos und des Paläa-Moschata befindet
und der Haupthafen der Homerischen Stadt gewesen sein
muss, als auch wenn es in den kleinen Golf St.-Spiridon
kam, an der Westküste von Ithaka am Fusse des Aëtos der
alten Stadt Samos auf Kephalonia grade gegenüber.

5

Bei meiner Ankunft auf Ithaka bin auch ich im Golf St.-Spiridon gelandet, welcher noch heute als Hafen für die Boote dient. Die Landenge zwischen diesem Hafen und dem von Aëtos ist, wie ich schon angegeben habe, nur 800 Meter breit, und da man vom Golf St.-Spiridon nach Samos, bei günstigem Winde, in einer Stunde fährt, während man vom Golf Aëtos aus um den südlichen Theil der Insel herum einen ganzen Tag braucht, unterliegt es keinem Zweifel, dass die beiden Golfe den Einwohnern der alten Hauptstadt als Meereshäfen gedient haben.

Der Golf St.-Spiridon hat wohl auch den Bewohnern von Odysseus' Palaste jederzeit als Hafen gedient, denn der westliche Abhang des Aëtos ist, wie ich schon oben gesagt habe, weniger steil als die andern, und ein bequemer Weg, dessen Spuren man noch hie und da entdeckt, führte in Schlangenwindungen über diesen Abhang von dem genannten Golf auf den Gipfel des Berges. Auch die Freier setzten voraus, dass Telemach bei seiner Rückkehr von Pylos und Lakedämon in diesem Hafen Kephalonia gegenüber landen würde; sonst würden sie sich nicht auf dieser Seite der Insel in Hinterhalt gelegt haben, um ihn bei seiner Ankunft zu tödten (*Od.* IV, 669—671).

> Ἀλλ' ἄγε μοι δότε νῆα θοὴν καὶ εἴκοσ' ἑταίρους,
> Ὄφρα μιν αὐτὸν ἰόντα λοχήσομαι ἠδὲ φυλάξω
> Ἐν πορθμῷ Ἰθάκης τε Σάμοιό τε παιπαλοέσσης.

„Wohlan! gebt mir ein schnelles Schiff und zwanzig Gefährten, dass ich ihm auflaure, wenn er kommt, und ihn in der Meerenge zwischen Ithaka und dem felsigen Samos erspähe."

Ferner sagt Homer (*Od.* IV, 842—847):

Μνηστῆρες δ᾽ ἀναβάντες ἐπέπλεον ὑγρὰ κέλευθα,
Τηλεμάχῳ φόνον αἰπὺν ἐνὶ φρεσὶν ὁρμαίνοντες.
῎Εστι δέ τις νῆσος μέσσῃ ἁλὶ πετρήεσσα,
Μεσσηγὺς ᾽Ιθάκης τε Σάμοιό τε παιπαλοέσσης,
᾽Αστερίς, οὐ μεγάλη λιμένες δ᾽ ἔνι ναύλοχοι αὐτῇ,
᾽Αμφίδυμοι τῇ τόνγε μένον λοχόωντες ᾽Αχαιοί.

„Die Freier schifften sich ein und segelten auf dem nassen Pfade, im Geiste auf den grausamen Mord des Telemachos sinnend. Es liegt eine felsige Insel mitten im Meere, zwischen Ithaka und dem rauhen Samos, Asteris, welche nicht gross ist; sie hat Häfen mit zwei Eingängen, welche zum Hinterhalt der Schiffe sich eignen; dort erwarteten ihn die lauernden Achäer."

Die Lage dieser Insel Asteris anzugeben macht mir Schwierigkeiten. Man hält sie für die Insel Daskalion, weil dies die einzige Insel in der ganzen Meerenge zwischen Ithaka und Kephalonia ist, und schliesst daraus, dass die Homerische Hauptstadt sich nothwendiger Weise im Thale von Polis befunden haben müsse.

Ich glaube indess hinlänglich bewiesen zu haben, dass dies unmöglich ist und dass die Hauptstadt nothwendiger Weise auf dem Abhange des Paläa-Moschata gelegen haben muss. Jetzt bleibt mir noch darzulegen, dass Asteris auf keinen Fall Daskalion sein kann.

Diese Insel liegt in einer Entfernung von 20 Kilometern nordnordwestlich vom Aëtos und ist so klein, dass man sie von diesem Berge aus gar nicht sieht. Also konnten auch die Freier von dort her das Schiff des Telemachos nicht erspähen, welcher, von Süden kommend, nach dem Golf

St.-Spiridon segelte. Ebensowenig konnten sie sich dort in
Hinterhalt legen, um das Schiff des jungen Fürsten zu
überfallen, selbst wenn er nach Polis gesegelt wäre, denn
Daskalion ist 10 Kilometer west-nord-westlich von diesem
Hafen und nur 3 Kilometer von Kephalonia entfernt. Wenn
Telemach von Pylos (heute Navarino) kam, so konnte er
die Meerenge zwischen Ithaka und Kephalonia nur bei
Süd-,Süd-Süd-Ost-, oder Süd-Süd-Westwind befahren,
denn die Schifffahrt lag damals noch in der Kindheit und
man verstand nicht zu laviren.

Nun wehten die Winde, mit welchen Telemach in Polis
ankommen konnte, den Freiern grade entgegen, da diese
ihn nur bei West-,Nord-West- oder Nord-West-Nordwind
hätten erreichen können. Ausserdem sagt Homer, dass
Asteris „μεσσηγύς" (*in der Mitte*) der Meerenge zwischen
Ithaka und Kephalonia liege, was mit den oben angegebe-
nen Entfernungsverhältnissen von Daskalion in Widerspruch steht. In der Hoffnung, weitere Beweise gegen die
Identität von Asteris und Daskalion zu finden, beschloss
ich, diese letztere Insel selbst zu besuchen.

Ich eilte daher Leuke zu erreichen, wo ich abermals mit
lebhaftem Enthusiasmus empfangen wurde und alle sich
beeiferten, mir gastliche Aufnahme anzubieten. Obgleich
ich sofort nach Daskalion weiter zu reisen beabsichtigte, so
wollte man mich doch nicht eher gehen lassen, bis ich von
meinen Reisen erzählt und ein Stück aus der Odyssee vor-
gelesen und übersetzt hatte.

Endlich 2 Uhr Nachmittags liess man mich weiter reisen.
Man gab mir das beste Boot des Dorfes, und als ich nach
den Kosten der Ueberfahrt fragte, lehnte man jede Bezahlung
ab. Da ich indess in diesem Falle das Boot anzunehmen

mich weigerte, sagte man endlich: Πλήρωσε τί θέλεις (*zahle nach Belieben*). Es wehte ein ziemlich starker Westwind und wir wurden gezwungen, fortwährend zu laviren, sodass wir erst um Mitternacht an der kleinen Insel ankamen. Aber die Zeit dauerte uns nicht zu lange, denn ich bemühte mich, meine Begleiter zu unterhalten, und fand darin auch für mich Unterhaltung. Zuerst las ich ihnen Homers Βα-τραχομυομαχία (*Krieg der Frösche und Mäuse* *) vor und übersetzte sie in ihren Dialekt. Sie hatten daran die herzlichste Freude. Dann erzählte ich ihnen von meinen Reisen um die Welt.

Es war herrliches Wetter; der Vollmond liess mich aus der Ferne alle Gebirge Ithaka's und Kephalonia's erkennen und nach Bequemlichkeit die kleine Insel Daskalion untersuchen. Diese hat nur 99 Meter Länge und 32 Meter in ihrer grössten Breite; sie besteht aus einem flachen Felsen und ragt nur zwei Meter über das Wasser. Nach Homer (*Od.* IV, 844—845) hatte die Insel Asteris einen doppelten Hafen; Daskalion hat nicht einmal eine Vertiefung von einem Meter, und, wenn man die grosse Tiefe des sie rings umgebenden Meeres bedenkt, so kann man unmöglich annehmen, dass solche Veränderungen in den örtlichen Verhältnissen der Insel haben eintreten können.

Da dies, wie ich schon gesagt habe, die einzige Insel zwischen Ithaka und Kephalonia ist, so hielt man sie schon im Alterthume für das Homerische Asteris und nannte sie in Folge dessen Asteria. Aber von allen Schriftstellern des

---

*) Ich sehe mit Verwunderung, dass in allen französischen Uebersetzungen Βατραχομυομαχία durch: Kampf der Frösche und *Ratten* wiedergegeben ist, während μῦς nichts anderes als Maus bedeutet.

Alterthums erwähnt sie nur Strabo, welcher sagt (X, 2):
„Zwischen Ithaka und Kephalonia liegt die kleine Insel
Asteria; sie wird vom Dichter Asteris genannt. Skepsios
sagt, sie sei nicht so geblieben, wie der Dichter sie beschrieben hat, wenn er sagt: sie hat einen doppelten Hafen,
der für den Hinterhalt geeignet ist. Apollodor erwähnt,
dass sie zu seiner Zeit noch ebenso war, und dass auf ihr
grade auf der Landenge zwischen beiden Häfen die Stadt
Alalkomenas liege."

Da Strabo nicht sein eigenes Urtheil über Asteris aus-
spricht, so kann er selbst die Insel nicht besucht haben.

Apollodor hat die Insel Asteris jedenfalls in seinem
Commentar über den Homerischen Schiffskatalog erwähnt;
dieses Werk ist leider verloren gegangen. In seinem Buche
über die Götter, welches wir besitzen, ist von Asteris nicht
die Rede. Er lebte in der zweiten Hälfte des zweiten Jahr-
hunderts v. Chr., folglich hundert Jahre vor Demetrios von
Skepsis und Strabo. War also in Wirklichkeit Asteris zu
seiner Zeit so gross, dass eine Stadt Alalkomenas sich auf
der Landenge zwischen seinen beiden Häfen befand, so hat
diese Insel in so kurzer Zeit nicht ohne eine grosse Natur-
umwälzung, von der Demetrios von Skepsis und Strabo
Kunde gehabt haben würden, zu einem unbedeutenden
Felsen herabsinken können.

Alle geographischen Angaben Homers sind dermassen
genau, dass ich nicht den geringsten Zweifel hege, dass es
zu seiner Zeit eine kleine Insel Asteris mit doppeltem Hafen gegeben hat; aber die gewichtigen Gründe, welche ich
angeführt habe, zwingen mich, sie in die Mitte der Meer
enge, dem Südende Ithaka's gegenüber, zu verlegen. Diese
Insel wird in Folge eines Erdbebens oder des Eindringens

des Meeres, wie so viele andere kleine Inseln, verschwunden sein.

Meine Schiffer banden die Barke an einen Stein im Osten der Insel, an einer Stelle, wo sie vor dem Winde sowohl durch das Ufer selbst, als durch die hohen Gebirge von Kephalonia geschützt war. Da wir gegen 7 Uhr Abends wieder in Leuke sein wollten, so hatten wir weder Brod noch Wasser mitgenommen, und mussten, von Durst und Hunger gequält, die Nacht auf der wüsten Insel zubringen. Meine Schiffer ruhten im Boote, ich legte meine müden Glieder auf den Felsen, wobei mir Homer als Kopfkissen diente. Ist man so recht ermüdet, dann fühlt man gar nicht, welch hartes Lager der Stein ist. Ich schlief sofort ein und erwachte erst, als die Sonne mir heiss ins Gesicht schien.

Sogleich weckte ich die Schiffer; wir nahmen ein erquickendes Bad, indem wir zweimal um die Insel herumschwammen, und kehrten darauf mit gutem Winde nach Leuke zurück, wo wir 8 Uhr Morgens ankamen.

Man hatte unser Boot kommen sehen und war auf ein Frühstück bedacht gewesen, aber unglücklicher Weise war es Freitag, also Fasttag, und frisches Brod, Pellkartoffeln, Salz, Weintrauben und guter Wein war Alles, was man mir bieten konnte; aber man brachte es mir mit solcher Treuherzigkeit, Grazie und Freundlichkeit, dass dieses Frühstück mir als eins der besten erschien, die ich jemals genossen habe.

Man wollte mich für den übrigen Theil des Tages hier behalten; ich erklärte indess den biedern Leuten, dass ich das Dorf Exoge besuchen und von da nach Vathy zurück-

kehren müsste, um noch denselben Abend mit dem Dampf-
schiffe nach der Landenge von Korinth weiter zu reisen.
Nach vielem Hin- und Herreden liess man mich fort, und
da ich auf dem Rückwege nach Vathy Leuke nochmals
passiren musste, so verschoben wir den Abschied bis auf
meine Rückkehr.

NEUNTES KAPITEL.

Exoge. — Ueppige Vegetation. — Allgemeiner Wohlstand. — Dorf-
Akademie. — Studien der Zöglinge. — Warum der Lehrer wider
seinen Willen verhindert ist, das Altgriechische zu lehren. —
Unterhaltung in italienischer Sprache mit dem Hufschmied, welcher seine Frau Penelope und seine Söhne Odysseus und Telemach
vorstellt. — Herzlicher Abschied. — Abermals Vorlesung aus Homer
zu Leuke und rührender Abschied. — Rückkehr nach Vathy. —
Letztes Lebewohl.

Unser Weg führte uns rings um das Thal von Polis
herum und dann durch einen Theil des Dorfes Stavros.
Nach einer Stunde raschen Marsches kamen wir in Exoge
an, das im Norden der Insel auf dem Kamme eines sehr
steilen Berges, 100 Meter über dem Meeresspiegel, liegt.
Dieses Dorf, welches 1200 Einwohner hat, ist das schönste
und reichste der Insel; es besitzt eines der fruchtbarsten
Thäler, das sich auf 8 Kilometer Länge und 4 Kilometer
Breite längs des Meeres ausdehnt, mit schönen Weinbergen
und den prächtigsten Pflanzungen von Orangen-, Citronen-
und Mandelbäumen, welche ich bis jetzt in Griechenland
gesehen habe. Das Thal ist reich an Quellen, während es
in Exoge keine giebt; daher muss aller Bedarf an Wasser
von Frauen in Krügen, die sie auf dem Kopfe tragen, oder
von Eseln in Fässern hinaufgeschafft werden.

Die meisten Einwohner sind Seeleute, die übrigen sind

Handwerker, Kaufleute oder Ackerbauer. Das Dorf hat
drei Kirchen und ein Kloster am Fusse des Berges.

Von Exoge aus erfreut man sich einer ausserordentlich schönen Aussicht, besonders auf der Nordseite, wo sich
das herrliche Thal mit seiner üppigen Vegetation ausbreitet,
dann das prachtvolle, dunkelblaue Meer, in welchem man
in geringer Entfernung die schöne Insel Santa-Maura oder
Leukadia mit dem berühmten Sappho-Sprung erblickt.

Exoge ist nicht reich, zeigt aber im allgemeinen eine
gewisse Behäbigkeit. Jeder hat sein Häuschen nebst Garten und Weinberg, deren Ertrag für seine Bedürfnisse aus-
reicht. Vergeblich würde man sich im Dorfe nach jemand
umsehen, der ein Kapital von 10,000 Franken besässe, aber
ebensowenig trifft man Bettler. Wie überall auf Ithaka
verheirathet man sich auch hier in Exoge sehr jung, und
nüchtern und mässig aus Gewohnheit scheint man gar
nicht zu wissen, dass Nüchternheit und Mässigkeit Tugenden sind.

Um Mittag während der grössten Hitze, zu welcher
man im Orient zu ruhen gewohnt ist, kam ich im Dorfe an.
In Ermangelung einer Herberge kehrte ich in einem Krä-
merladen ein. Ich glaubte unbemerkt geblieben zu sein;
aber man musste mich doch gesehen haben. Die Nachricht
von der Ankunft eines Fremden verbreitete sich wie ein
Lauffeuer im Dorfe und in weniger als zehn Minuten
drängten sich eine Menge Menschen in und vor dem Hause,
wo ich meinen Aufenthalt genommen hatte. Als man hörte,
dass mein Besuch auf Ithaka archäologische Forschungen
zum Zweck habe, so empfing man mich mit grosser Sym-
pathie und überhäufte mich mit Anerbietungen uneigen-
nütziger Dienste. Da indess alle vorhandenen Alterthümer

sich auf drei Kirchen beschränkten, die nicht älter als hundert Jahre sein mochten, so schenkte ich ihnen keine weitere Aufmerksamkeit.

Dagegen hatte ich Verlangen, die Schule des Dorfes zu besuchen. Eine grosse Menschenmenge, wohl die ganze Einwohnerschaft, geleitete mich dahin. Der Schulmeister, Georgios Lekatsas, empfing mich im Namen der Dorf-Akademie und beeilte sich, seine Schüler, 25 an Zahl, zu versammeln, um mir ihre Gelehrsamkeit zu zeigen. Er liess sie lesen, zeigte mir ihre Schreibebücher, und ich war mit ihren Studien zufrieden. Der Lehrer unterrichtet sie nur im Schreiben und Lesen; das will aber schon viel sagen, wenn man den ausserordentlich niedrigen Bildungsgrad der Bewohner Ithaka's bedenkt. — Er versicherte mir, er würde sich glücklich schätzen, wenn er seinen Schülern altgriechisch lehren könnte, leider aber verstehe er nicht einmal die ersten Anfangsgründe dieser Sprache. Aus seinen Fragen ersah ich, dass er eine oberflächliche Kenntniss der Geographie besass, aber viel zu wenig, um sie seinen Zöglingen lehren zu können.

Ich unterhielt mich noch mit dem Schulmeister, als ich von einem früheren Matrosen italienisch angeredet wurde, welcher, aus Sorrento bei Neapel gebürtig, sich vor 20 Jahren in Exoge niedergelassen, eine Landestochter geheirathet hat und das Hufschmiedehandwerk betrieb.

Er gab mir einen kurzen Bericht seiner weiten Reisen, sowie der Gefahren und Schiffbrüche, aus denen er oft nur wie durch ein Wunder entkommen war, und stellte mir seine Frau, Namens Penelope, und seine beiden Söhne vor, von welchen der ältere Odysseus und der jüngere Telemach hiess.

Ich pries ihn glücklich, dass er, im Gegensatz zu tausend Andern, durch das Unglück weise geworden war; dass er, fern von Gefahren, Stürmen und Klippen, seinen friedlichen Wohnsitz in der herrlichsten und malerischsten Lage der interessantesten und berühmtesten Insel unter dem liebenswürdigsten und tugendhaftesten Volke aufgeschlagen und, um sein Glück voll zu machen, der Himmel ihm eine reizende Frau, ein wahres Muster aller Tugenden, geschenkt hatte, und drückte ihm zugleich meine Freude über die Bewunderung aus, welche er für die Helden dieser glorreichen Insel, seines zweiten Vaterlandes, an den Tag lege — eine Bewunderung, die er durch nichts besser habe beweisen können, als indem er seinen Kindern jene berühmten Namen gab. Bei dieser Gelegenheit sprach ich auf Ithaka zum ersten Male eine andere Sprache als die griechische.

Mit vieler Mühe brachte ich es endlich dahin, um halb drei Uhr Nachmittags abreisen zu können. Die ganze Bevölkerung des Dorfes begleitete mich bis an den Fuss des Berges, wo jeder mir die Hand drückte und ausrief: Εἰς καλὴν ἀντάμωσιν *(auf glückliches Wiedersehen).*

Ich eilte, nach Vathy zurückzukehren, hatte aber neuen Aufenthalt in Leuke, wo das ganze Dorf mich unter der grossen Platane erwartete und durchaus bis auf den folgenden Tag zurückhalten wollte. Ich erklärte den braven Leuten, dass ich mit grösster Freude bleiben würde, wenn ich könnte; aber es wäre schon halb vier Uhr Nachmittags; ich hätte noch vier Stunden Weges bis Vathy, das Dampfschiff führe zehn Uhr ab und ich müsste meine Sachen noch einpacken. Endlich willigte man ein, bestand aber darauf, dass ich vorher noch eine Stelle aus Homer vorlesen sollte. Ich gab nach und übersetzte in Eile die schönen Verse des

23. Gesanges, wo Penelope ihren Gemahl daran wieder erkennt, dass er eine genaue Beschreibung des Ehebettes
giebt, welches er selbst aus dem Stamme eines Oelbaums
gezimmert hatte. Hierauf trennten wir uns, aber nicht ohne
lebhafte Rührung auf beiden Seiten; jeder nahm von mir
Abschied, indem er mir die Hand drückte, mich küsste und
leise sagte: Χαῖρε, φίλε, εἰς καλὴν ἀντάμωσιν *(lebe wohl,
Freund, auf glückliches Wiedersehen!)*

Dieselbe Scene wiederholte sich in dem kleinen Dorfe
St.-Johann, von wo ich jedoch loskam, ohne erst aus Homer
vorlesen zu müssen.

Ich beschleunigte meine Reise, so viel es die Kräfte des
Pferdes und der Zustand der Landstrasse erlaubten, und
kam um 8 Uhr Abends in Vathy an, wo ich schleunigst
meine Sachen zusammenpackte.

Aber kaum hatte ich damit begonnen, so traf ich auf
neue Hindernisse, denn mein Zimmer wurde von allen den
interessanten und liebenswürdigen Personen förmlich belagert, deren Bekanntschaft zu machen ich seit meiner Ankunft das Glück gehabt hatte. Unter ihnen befand sich der
Eigenthümer der vier Hunde, welche mich beinahe zerrissen
hätten, und natürlich auch der geistreiche und liebenswürdige Müller Asproieraka, der am Abend meiner Ankunft,
als er mit mir zu Fuss dem mit meinem Gepäck beladenen
Esel folgte, mit wunderbarer Geläufigkeit mir den Hauptinhalt der 24 Gesänge der Odyssee hererzählt hatte.

Ich liess einige Liter Wein kommen, stiess mit allen auf
ein glückliches Wiedersehen an und warf dann meine
Sachen bunt durcheinander in die Koffer, in der Hoffnung,
an Bord des Dampfschiffs Ordnung hineinzubringen. Der
geschwätzige Müller trug mein Gepäck auf seinen starken

Schultern in ein Boot; ich nahm herzlich von Allen Abschied und begab mich an Bord des Dampfers ᾿Αθῆναι, der
einige Minuten später abfuhr.

Mit lebhafter Rührung verliess ich Ithaka; ich hatte die
Insel schon lange aus dem Gesicht verloren, als meine
Augen noch immer in der Richtung nach ihr ausschauten.
Nie in meinem Leben werde ich die neun glücklichen Tage
vergessen, welche ich unter diesem biedern, liebenswürdi-
gen und tugendhaften Volke verlebt habe.

ZEHNTES KAPITEL.

Ankunft in Patras, Naupaktos und Aegium. — Colossale Platane. —
Ankunft in Galaxidi, Chryso und Neu-Korinth. — Das alte Korinth. — Amphitheater; die sieben berühmten Säulen. — Das in den
Stein gehauene Haus. — Ungeheure Menge von Graburnen. — Die
berühmte Quelle Pirene. — Akro-Korinth. — Umfängliche Ausgrabungen der Bauern, um die von den Türken verborgenen
Schätze aufzufinden. — Herrliche Rundsicht.

Am folgenden Tage kamen wir fünf Uhr Morgens in
Patras im Peloponnes, am Eingange des korinthischen
Meerbusens, an und gingen auf das Dampfboot Ἑπτάνησος
über, welches um sechs Uhr abfuhr. Eine halbe Stunde
später legte das Boot bei dem alten Naupaktos, dem heutigen Lepanto, an, welches durch die grosse im Jahre 1571
zwischen Türken und Christen gelieferte Seeschlacht berühmt ist. Dann warfen wir bei dem alten Aegium Anker,
dem heutigen Bostitsa, ein Name, der ohne Zweifel von
dem türkischen Worte دستان (*Bostan*), welches Garten
bedeutet, herkommt.

Hier verweilten wir eine halbe Stunde, die ich dazu benutzte, die berühmte Platane am Ufer zu sehen, deren
Stamm einen Umfang von 15 Meter 30 Centimeter hat. Der
Baum ist hohl und enthält ein Zimmer, welches während
des Befreiungskrieges häufig als Gefängniss gedient hat;
seine Zweige breiten sich 50 Meter weit aus. Diese Platane

muss ein hohes Alter haben; jedenfalls ist sie älter als die
Ankunft der Türken in Europa.

Wir fuhren weiter und hielten zunächst bei Galaxidi,
dann bei Chryso an, einer reizenden kleinen Stadt, in ma-
lerischer Lage, in der Mitte eines Oelbaumwäldchens, am
Fusse des Parnassos, der sich 2670 Meter über den Meeresspiegel erhebt und mit ewigem Schnee bedeckt ist. Anderthalb Stunden von Chryso liegt das Dorf Kastri, in dessen
Nähe sich die Ruinen des alten Delphi befinden.

Endlich kamen wir 6 Uhr Abends in Korinth an, von
wo ich mein Gepäck, mit Ausnahme eines Reisesacks, nach
Athen beförderte.

Das heutige Korinth besteht erst seit 1859, in welchem
Jahre ein Erdbeben die damals bestehende Stadt, die auf
den Ruinen des alten Korinth erbaut war, von Grund aus
zerstörte. Diese Ortslage ist aber der ungesunden Luft
und der ansteckenden Fieber wegen, von denen die Einwohner während der heissen Jahreszeit fortwährend zu
leiden hatten, verlassen worden, und man hat die neue
Stadt 7 Kilometer nordöstlicher an einer Stelle gegründet,
wo die Landenge verhältnissmässig flach ist und ein starker Luftstrom zwischen beiden Meeren die Luft gesund
erhält.

Ich verweilte drei Stunden auf der Stätte des alten Korinth, um die wenigen Ruinen, welche davon übrig sind, zu
untersuchen. Man zeigte mir zuerst ein Amphitheater von
ovaler Form, ganz im Felsen ausgehauen, von 97 Meter
Länge und 64 Meter Breite, mit einem unterirdischen Eingange für die Gladiatoren und wilden Thiere. Wahrscheinlich fällt die Erbauung dieses Amphitheaters in die Zeit
nach Pausanias, weil dieser es nicht erwähnt. Ferner

besichtigte ich die berühmten *sieben dorischen Säulen,*
welche, wie man behauptet, zu dem von Pausanias beschriebenen Tempel der Athene Chalinitis gehört haben.
Sie tragen das Gepräge eines sehr hohen Alterthums und
scheinen sogar weit älter zu sein als die im siebenten
Jahrhundert v. Chr. erbauten Tempel von Pästum.

In unmittelbarer Nähe dieser Säulen befindet sich ein
einstöckiges Haus. Es ist ganz in den Stein gehauen und
zwar so, dass man den Fels ringsum weggebrochen und der
Mauer nur eine Stärke von 33 Centimeter gegeben hat.
Das Haus steht ganz einzeln, und da es mit dem Felsen,
auf dem es sich befindet und in dem es ausgehauen ist, ein
Ganzes bildet, so ist es ohne Widerspruch eines der merk-
würdigsten Denkmäler des frühesten Alterthums.

Ringsum auf der Stelle der alten Stadt bemerkte ich
künstliche Hügel, und da Korinth nach der Beschreibung
des Pausanias eine bedeutende Zahl von Tempeln und andern grossartigen und prachtvollen Denkmälern gehabt
haben soll, so zweifle ich gar nicht, dass gut geleitete Ausgrabungen wichtige archäologische Entdeckungen zur Folge
haben würden. Aber zum Nachtheil der Wissenschaft werden solche Ausgrabungen leider nicht vorgenommen, weil
es in Griechenland an Geld fehlt. Es ist kaum glaublich,
dass man bis jetzt weder in Korinth noch in der Umgegend
einen Rest der Säulenordnung gefunden hat, die nach diesem Orte benannt ist, und selbst der so charakteristische
Akanthas ist aus der Flora des Isthmus verschwunden.

Obgleich die korinthischen Bauern bei ihren Feld-
arbeiten den Boden nur oberflächlich aufgraben, so finden
sie doch sehr häufig Gräber mit schönen Urnen von gebrannter Erde. Man trifft hier Antiquitäten in solcher

Menge, dass ich sechs prachtvolle Vasen für 3 Franken
25 Centimes habe kaufen können. Darnach kann man die
Resultate beurtheilen, welche in grossem Massstabe und
mit ausreichenden Mitteln unternommene Ausgrabungen
ergeben würden.

Eine schöne Ebene, welche sich im Osten der alten
Stadt ausdehnt, ist wahrscheinlich der Schauplatz der *isth-
mischen Spiele* gewesen; doch würden erst Nachgrabungen
erforderlich sein, um Gewissheit darüber zu erlangen.

Auch die berühmte, von Pindar, Euripides, Strabo, Pausanias und Andern erwähnte Quelle Pirene ist noch vorhanden; aber wie es scheint, führten drei Quellen diesen
Namen, nämlich die grosse Quelle auf dem Felsen von
Akro-Korinth, die Bäche, welche am Fusse dieses Berges
entspringen, und die grosse Quelle auf der Stelle der
alten Stadt.

Ich bestieg hierauf die berühmte Festung *Akro-Korinth*,
welche auf einem fast senkrechten Felsen von 629 Meter
Höhe liegt, der sich schroff in seiner ganzen, einsamen
Grösse erhebt, sodass weder die furchtbare Festung von
Aden, noch die von Gibraltar mit dieser riesenhaften Cita-
delle verglichen werden können, von der Statius (*Thebais*
VII, 106) schreibt:

> Summas caput Acro-Corinthus in auras
> Tollit, et alterna geminum mare protegit umbra.

„Akro-Korinth erhebt sein Haupt in die höchsten Lüfte
und sein Schatten bedeckt abwechselnd beide Meere."

Livius (XLV, 28) nennt sie: „Arx in immanem altitudi-
nem edita" (*die sich zu einer ungeheuren Höhe erhebende
Burg*).

Bei hinreichender Besatzung würde diese Festung un-
überwindlich sein, weil sie nur von einem einzigen Puncte
aus beschossen werden kann; es ist dies ein spitzer Felsen,
einige hundert Meter südwestlich, von wo aus sie von Ma-
homet II. bombardirt worden ist.

Ein ziemlich guter, aber sehr steiler Weg führt im Zickzack hinauf. Der Gipfel des Berges, welcher nicht weniger
als sechs Kilometer im Umfange hat, wird von einer sieben
bis zehn Meter hohen Mauer von venetianischer Bauart
umgeben, welche mit einer grossen Anzahl Vertheidigungs-
thürme versehen ist. Er ist so uneben, dass er mehrere
Abhänge und Plateaus bildet, die sich 30 bis 100 Meter
übereinander befinden.

Der niedrigste Theil der Festung ist mit den Ruinen
türkischer Häuser und Moscheen bedeckt. Auf einem der
oberen Plateaus befindet sich eine grosse Kaserne. Hier
sieht man eine Menge in den Felsen ausgehauene Cisternen,
deren Bau in ein sehr hohes Alterthum hinaufreichen mag;
aber trotz aller meiner Nachforschungen habe ich keine
einzige Mauer, selbst nicht einen Theil einer Mauer aus
vorchristlicher Zeit entdecken können. Nur auf dem höchsten Gipfel von Akro-Korinth, wo nach Strabo (VIII, 6)
sich „Ναΐδιον Ἀφροδίτης" (ein kleiner Tempel der Venus) befand, sah ich in den Mauern eines Forts einige grosse,
grob behauene Steine, welche sicherlich von einem cyklopischen Bauwerke des heroischen Zeitalters herrühren.

Die türkische Garnison soll vor ihrer Capitulation 15
mit Gold- und Silbermünzen angefüllte Kisten vergraben
haben. Seit einem Jahre haben nun die Bauern aus der
Umgegend an vier Stellen Ausgrabungen unternommen,
um diese Schätze aufzufinden; aber bis jetzt sind ihre Be-

mühungen vergeblich gewesen. Ich bin in die vier von
ihnen gemachten Gruben hinabgestiegen, von denen zwei
eine Tiefe von ungefähr 17 Meter haben, um die Beschaffenheit des Bodens zu untersuchen, und fand bis auf
den Grund der Aushöhlungen die Erde mit Trümmern von
Ziegeln und Töpferwaaren vermengt, nirgends aber die
Spur alter Mauern.

Ich verweilte länger als drei Stunden auf dem höchsten
Gipfel, um die herrliche Rundsicht zu bewundern, die sich
vor meinen Augen entrollte und von der keine Einbildungskraft sich eine richtige Vorstellung machen kann. Der
Blick umfasst die interessantesten Theile Griechenlands
und die Orte, welche Zeugen seiner glorreichen Thaten
gewesen sind. Die hervorstechendsten Puncte der Landschaft sind nach Murray: „das Sicyonische Vorgebirge, bei
welchem der korinthische Meerbusen sich nach Nord-West-
Nord wendet; der Fuss des Vorgebirges von Cyrrha, nord-
nord-westlich; das Vorgebirge Anticyrrha (jetzt Aspra-
spitia) mit seinem Golf, und jenseits desselben der höchste
Punct des Parnassus im Norden; nord-nord-östlich der Berg
Helikon, der auf seinem Rücken eine dem Buckel eines
Kameels ähnliche Erhöhung trägt; der höchste Punct des
Berges Geraneia, zwischen Megara und Korinth, nord-ost-
nördlich. Die Landenge selbst dehnt sich ost-nord-östlich,
nach dem höchsten Punkte des Berges Kithäron hin aus.
Jenseits des letzteren sieht man die Berge Parnes und
Hymettos, und zwischen ihnen zeigt sich das Parthenon
auf der Akropolis von Athen. Ferner die Insel Salamis im
Osten, und Aegina südöstlich. Strabo hat die merkwür-
digsten Puncte dieser Fernsicht genau angegeben, die sich
über die acht reichsten Staaten des alten Griechenlands

erstreckt: Achaja, Lokris, Phocis, Böotien, Attica, Argolis, Korinth und Sicyon."

Mit besonderem Interesse betrachtete ich die Landenge, welche 14 Kilometer lang und bei Korinth ebenso breit ist. Am Nordende, wo der Golf Leutraki, im Westen, durch eine gute Strasse mit dem Hafen von Kalamaki im Osten verbunden wird, beträgt ihre Breite nur $6^1/_2$ Kilometer. Etwas südlicher war der Diolkos, ein ebener Weg, auf dem man kleine Fahrzeuge auf Walzen quer über die Landenge von einem Meere zum andern zog.

Da ich den Pausanias bei mir hatte, so las ich auf dem Gipfel von Akro-Korinth seine Beschreibung des alten Korinth, und konnte kaum glauben, dass in der Ebene, 627 Meter unter meinen Füssen, welche nur den Anblick der Verwüstung und Verödung darbot, einst eine grosse, mächtige und berühmte Stadt gelegen habe, der Stolz Griechenlands und der Stapelplatz seines Handels; eine Stadt, deren Reichthum, Pracht und Luxus zum Sprichwort geworden waren; eine Stadt, welche zahlreiche Kolonien, unter andern das mächtige und herrliche Syrakus, gründete; eine Stadt, welche lange dem Ehrgeize Roms widerstand und nur durch Verrath i. J. 146 v. Chr. in Mummius' Hände kam.

Am Abend kehrte ich nach Neu-Korinth zurück, wo der Lieutenant der kleinen Garnison die ausserordentliche Liebenswürdigkeit hatte, mir eine Escorte von zwei Soldaten zu geben, um mich nach Argos zu begleiten.

ELFTES KAPITEL.

Nächtliche Entweichung. — Escorte. — Reise auf einem schlechten
Pferde ohne Sattel, Steigbügel und Zaum. — Ein Σαγμάριον statt
Sattel. — Ruinen von Kleonä. — Gefährliche Fieber. — Charvati
— Mykenä; seine Geschichte. — Die Citadelle des Agamemnon
mit ihren ungeheuren cyklopischen Mauern und dem grossen Thor
mit den beiden in Stein geschnittenen Löwen. — Schatzkammer
des Agamemnon; ihre grosse Thür; ihre beiden Zimmer; die bronzenen Nägel in den Steinen, welche beweisen, dass alle Mauern mit
Bronze-Platten bekleidet waren

Da es in Neu-Korinth kein Hôtel giebt, so musste ich
die Nacht auf einer hölzernen Bank in einem elenden
Wirthshause zubringen. Obgleich ich von Anstrengung
ermüdet war, so konnte ich doch kein Auge schliessen, weil
die Mücken mich nicht einen Augenblick in Ruhe liessen.
Vergebens suchte ich mich gegen sie zu schützen, indem
ich das Gesicht mit einem Tuche bedeckte; sie stachen
mich durch die Kleider hindurch. Voll Verzweiflung lief
ich nach der Thür, aber sie war verschlossen. Der Wirth
war ausgegangen und hatte die Schlüssel mitgenommen.
Statt der Fenster hatte die Wohnung viereckige, durch
eiserne Stangen verschlossene Oeffnungen. Nach langer
und beschwerlicher Arbeit gelang es mir, zwei dieser Stangen herauszureissen, und auf die Gefahr hin, von den
Nachtwächtern für einen Dieb gehalten zu werden, sprang

ich auf die Strasse und bettete mich auf den Sand am
Meeresufer, wo es glücklicher Weise keine Mücken gab.
Ich schlief sofort ein und erfreute mich wenigstens drei
Stunden lang der angenehmsten Ruhe.

Um vier Uhr Morgens stand ich auf, schwamm eine
halbe Stunde im Meere und kehrte zur grossen Verwunderung des Wirthes in sein Haus zurück. Er war eben dabei,
seine Sachen zu untersuchen; denn als er bemerkte, dass
ich mich davon gemacht hatte, nahm er an, ich hätte ihn
bestohlen. Alles klärte sich bald auf, und ich brauchte
nicht, um meinen Wirth zu begütigen, ihm aus dem Homer
vorzulesen. Er war zufrieden, als ich ihm ein Zwei-
Frankenstück für den an den eisernen Stangen angerichte-
ten Schaden gab.

Um 5 Uhr setzten wir unsere Reise fort, die beiden Soldaten und mein Führer zu Fuss, ich auf einem schlechten
Pferde, einer wahren Rosinante. Trotz aller Bemühungen
hatte ich weder Zügel, noch Sattel, noch Steigbügel bekommen können, denn dergleichen sind in Korinth als reine
Luxusartikel gar nicht vorhanden. Der Zügel wurde durch
einen um den Hals des Pferdes gebundenen Strick ersetzt,
mit welchem ich nur mit grosser Mühe lenken konnte. In
Ermangelung eines Sattels hatte man auf den Rücken des
Thieres ein Σαγμάριον gelegt, eine Art viereckiges hölzernes Gerüst, welches an den vier Ecken mit Haken versehen
ist. Diese Σαγμάρια sind für den Transport von Lasten sehr
bequem; aber wegen der spitzen Ecken sind sie ein wahres
Marterwerkzeug, wenn man sie als Sattel gebraucht. Wohl
oder übel musste ich mich desselben bedienen, denn die
Hitze war drückend, besonders in den Gebirgen, wo kein
Lüftchen wehte. An einem Haken zur Linken hing mein

Nachtsack, an einem andern zur Rechten ein Korb mit
den sechs Vasen, die ich von den Bauern in Alt-Korinth
gekauft hatte; am Haken hinter mir war auf der einen
Seite eine grosse, vier Liter Wein enthaltende Flasche, auf
der andern ein Sack mit zwei Broden für uns und Futter
für das Pferd angebracht.

Der Weg, den man nur einen Fusssteig nennen kann,
geht durch eine sehr gebirgige Gegend. Nachdem wir vier
Stunden lang unaufhörlich bald bergan, bald bergab gestiegen waren, kamen wir an die Ruinen der alten Stadt
Kleonä, und liessen uns an einer reichlich fliessenden
Quelle nieder, um ein frugales Frühstück zu uns zu nehmen, welches aus trocknem Brod, Wasser und Wein bestand. Mein Führer und die Escorte ruhten eine Stunde
lang aus, während ich die Ruinen von Kleonä durchforschte.
Leider aber ist nichts zu sehen, als einige Säulen und Fundamente alter Gebäude. Neben diesen Ruinen ist ein
Sumpf, dessen Ausdünstungen die Luft verpesten und gefährliche Fieber erzeugen, mit denen fast alle Einwohner
der Umgegend behaftet waren.

Halb 1 Uhr kamen wir in dem schmutzigen und elenden
Dorfe Charvati an, das auf einem Theile der Baustelle der
alten Stadt Mykenä liegt, welche früher die Hauptstadt
des Königs Agamemnon und wegen ihrer ungeheuren
Reichthümer berühmt war. Mein Führer und die beiden
Soldaten, welche den ganzen Weg von Korinth zu Fuss
gemacht hatten, waren so ermüdet, dass sie mir nicht bis
zu der Citadelle, welche sich 3 Kilometer von Charvati befindet, folgen konnten. Ich erlaubte ihnen, bis zu meiner
Rückkehr im Dorfe auszuruhen, umsomehr als wir über
die Gebirge hinaus waren und ich von Räubern nichts

mehr zu fürchten hatte. Ausserdem kannten sie Mykenä
nicht einmal dem Namen nach, wussten nichts von den
Helden, denen diese Stadt ihren Ruhm verdankt, und
hätten mir also auch nichts nützen können, weder um mir
Monumente zu zeigen, noch um meine Begeisterung für
die Archäologie anzuspornen. Ich nahm daher nur einen
Bauerburschen mit mir, welcher die Citadelle unter dem
Namen „Κάστρον Ἀγαμέμνονος" (*Festung Agamemnons*) und
die Schatzkammer als „Τάφος Ἀγαμέμνονος" (*Grabmal des
Agamemnon*) kannte.

Mykenä wird von Homer nur einmal „Μυκήνη" (*Il*. IV,
52), sonst immer „Μυκῆναι" genannt. Wenn man die weite
Ausdehnung der Festung bedenkt, so gewinnt es an Wahr-
scheinlichkeit, dass in vorhomerischer Zeit die Stadt in der
Festung eingeschlossen war und im Singular „Μυκήνη",
später aber, als sie sich auf dem Plateau ausserhalb der
Festungsmauern ausbreitete, im Plural „Μυκῆναι" genannt
wurde. Da Homer sie nur einmal im Singular „Μυκήνη"
nennt, so scheint es, dass die Vergrösserung der Stadt in
der Zeit Homers, oder kurze Zeit vor ihm stattgefunden hat,
sodass bei seinen Lebzeiten der Singular Μυκήνη schon fast
ausser Gebrauch gekommen war. Er nennt sie (*Il*. VII, 180
und XI, 46): „πολύχρυσος" (*goldreich*); (*Il*. IV, 52) „εὐρυάγυια"
(*mit breiten Strassen*); (*Il*. II, 569) „ἐϋκτίμενον πτολίεθρον"
(*die wohlgebaute Stadt*).

Wegen ihrer einsamen Lage am Fusse der Gebirge, am
Ende der argolischen Ebene, heisst es (*Od*. III, 263), sie
habe gelegen: „μυχῷ Ἄργεος ἱπποβότοιο" (*in einem Winkel
des rosseernährenden Argos*).

Mykenä's Berühmtheit gehört ausschliesslich dem heroischen Zeitalter an, denn die Stadt verlor ihre Bedeutung

nach der Rückkehr der Herakliden und der Besitznahme
von Argos durch die Dorier; aber sie behauptete ihre Un-
abhängigkeit und nahm an dem Nationalkriege gegen die
Perser Theil. Achtzig Mykenier kämpften und fielen mit
der kleinen Schaar Spartaner in den Thermopylen (*Herodot*
VII, 202), und vierhundert Mykenier und Tirynthier be-
theiligten sich an der Schlacht bei Platää (*Herodot* IX, 28).
Die Argiver, welche neutral geblieben waren, beneideten
die Mykenier um die Ehre der Theilnahme an diesen
Schlachten, und fürchteten ausserdem, die Mykenier möchten im Hinblick auf den alten Ruhm ihrer Stadt sich wieder
der Hegemonie über Argolis bemächtigen. Aus diesen
Gründen belagerten sie Mykenä, nahmen es ein und zerstörten es 466 v. Chr. (*Diod. Sic.* XI, 65; *Strabo* VIII, 6;
Pausanias II, 16).

Als ein halbes Jahrhundert später Thucydides die Stadt
besuchte, fand er sie in Trümmern. Strabo sagt: „Αἱ μὲν
οὖν Μυκῆναι νῦν οὐκέτι εἰσίν" (*Mykenä ist jetzt nicht mehr
vorhanden*); aber er scheint nicht dort gewesen zu sein,
denn sonst würde er ihre Ruinen und die Citadelle erwähnt
haben. Als fast fünf und ein halb Jahrhundert nach Thucydides, Pausanias Mykenä besuchte, sah er einen Theil der
Citadelle, das Thor mit den beiden Löwen, die Schatzkammern des Atreus und seiner Söhne, die Gräber des Atreus,
der von Aegisthus ermordeten Gefährten Agamemnons, der
Kassandra, des Agamemnon, des Wagenlenkers Euryme-
don, der Söhne der Kassandra, der Elektra, des Aegisthus
und der Klytämnestra (*Pausanias* II, 16).

Da diese beiden letzteren Gräber „ὀλίγον ἀπωτέρω τοῦ
τείχους" lagen, „ἐντὸς δὲ ἀπηξιώθησαν, ἔνθα 'Αγαμέμνων τε
αὐτὸς ἔκειτο καὶ οἱ σὺν ἐκείνῳ φονευθέντες" (*ein wenig entfernt*

ACROPOLIS VON MYKENE MIT DEM LOWENTHOR

von der Mauer, denn sie [Aegisthus und Klytämnestra] wur-
den für unwürdig gehalten, im Innern begraben zu werden,
wo Agamemnon und die mit ihm Ermordeten ruhten), so darf
man daraus schliessen, dass Pausanias alle Mausoleen in der
Festung selbst gesehen hat, und dass die des Aegisthus und
der Klytämnestra ausserhalb der Umfangsmauern der Citadelle lagen.

Von allen diesen Grabdenkmälern ist jetzt keine Spur
mehr vorhanden; aber man würde sie durch Nachgrabungen
ohne Zweifel wieder auffinden können. Die Festung dagegen ist gut erhalten, und jedenfalls noch heute in einem
weit bessern Zustande, als man nach der Aeusserung des
Pausanias schliessen dürfte: „λείπεται δὲ ὅμως ἔτι καὶ ἄλλα
τοῦ περιβόλου, καὶ ἡ πύλη, λέοντεσ δὲ ἐφεστήκασιν αὐτῇ“ (*es
sind indess noch Reste der Citadelle vorhanden, unter andern
das Thor, über welchem sich die Löwen befinden*).

In der That sind alle Umfangsmauern der Citadelle
noch heute zu sehen. Sie haben an vielen Stellen eine
Dicke von 5 bis 7 Metern, und je nach den Hebungen und
Senkungen des Bodens eine Höhe von 5 bis 12 Metern.
An mehreren Stellen sind diese Mauern aus ungeheuren
Steinblöcken von unregelmässiger Form erbaut, zwischen
welchen sich Lücken befinden, die mit kleinen Steinen ausgefüllt sind. Meist aber bestehen sie aus vieleckigen an
einander gefügten Steinen, die so sorgfältig bearbeitet sind,
dass die Aussenseite des Mauerwerks eine glatte Fläche bildet. An einigen Stellen, namentlich in der Nähe des grossen
Thores, findet sich eine dritte Art Mauern aus fast viereckigen Steinen von 1 Meter 34 Centimeter bis 3 Meter
33 Centimeter Länge, 1 Meter bis 1 Meter 67 Centimeter
Höhe und 1 bis 2 Meter Breite.

Die Citadelle hat 333 Meter Länge und bildet ein un-
regelmässiges Dreieck; sie liegt auf dem Gipfel eines steilen Hügels, zwischen zwei Bächen, am Fusse zweier
350 Meter hohen Berge. Im Innern der Festung erhebt sich
der Boden von allen Seiten gegen den Mittelpunct und bildet Terrassen, welche durch cyklopische Mauern gleich-
mässig gestützt werden. Ich fand hier drei Cisternen und
stieg in die grösste derselben hinunter, kam aber eilig wieder herauf, weil sie von giftigen Schlangen winmelte.

Das grosse Thor, welches ich schon erwähnt habe, liegt
auf der nordwestlichen Seite und bildet mit der anstossenden Mauer einen rechten Winkel. Man gelangt zu ihm auf
einem 16 Meter 67 Centimeter langen und 10 Meter breiten
Wege, der durch diese und eine andere äussere, mit ihr
parallel laufende Mauer gebildet wird, welche letztere nur
zur Vertheidigung des Weges gedient zu haben scheint.
Das Thor hat eine Höhe von 3 Meter 34 Centimeter und
eine Breite von 3 Meter und 17 Centimeter; es wird von
zwei aufrecht stehenden Steinen gebildet, von 1 Meter
Breite und 2 Meter Tiefe, die mit einem dritten von 5 Meter
Länge und 1 Meter 33 Centimeter Tiefe bedeckt sind. Auf
diesem letzteren Steine, der in der Mitte 2 Meter 24 Centimeter hoch ist und nach beiden Enden zu etwas abnimmt,
steht ein dreieckiger, 4 Meter langer, 3 Meter 34 Centimeter
hoher und 67 Centimeter tiefer Stein, auf welchem sich zwei
Löwen in Bas-relief befinden, die auf den Hintertatzen stehen und mit den Vordertatzen einen runden Altar halten,
der sich zwischen ihnen befindet und eine Säule mit einem
aus vier, in zwei parallelen Rosenkränzen eingeschlossenen
Kreisen gebildeten Kapitäl trägt.

Nach Müller (*Dor* II, 6 §. 5) ist diese Säule das gewöhnliche Symbol des Apollo Agyieus, des Beschützers der Thore.

Einen Beweis für diese Ansicht haben wir in der Elektra des Sophokles, wo die Handlung vor dieses grosse Festungsthor von Mykenä verlegt ist. Vers 1376—1383 (*ed. Tauchnitz*) fleht Elektra zu Apollo:

Ἄναξ Ἄπολλον, ἵλεως αὐτοῖν κλύε,
Ἐμοῦ τε πρὸς τούτοισιν, ἥ σε πολλὰ δὴ,
Ἀφ' ὧν ἔχοιμι, λιπαρεῖ προύστην χερί.
Νῦν δ', ὦ Λύκει' Ἄπολλον, ἐξ οἵων ἔχω,
Αἰτῶ, προπιτνῶ, λίσσομαι, γενοῦ πρόφρων
Ἡμῖν ἀρωγὸς τῶνδε τῶν βουλευμάτων,
Καὶ δεῖξον ἀνθρώποισιν τἀπιτίμια
Τῆς δυσσεβείας οἷα δωροῦνται θεοί.

„Herrscher Apollo, höre sie gnädig an, sowie auch mich, die ich dir oft mit meinen flehenden Händen Gaben darbrachte von dem, was ich hatte. Jetzt, Lykischer Apollo, bringe ich dir alles dar, was ich habe, ich flehe dich an, ich werfe mich vor dir nieder, ich beschwöre dich, steh uns in dieser Unternehmung bei, und zeige den Menschen, welche Strafe die Götter der Gottlosigkeit vorbehalten."

Die bereits erwähnten Löwen sind in Bas-reliefs mit vieler Anmuth und Feinheit ausgeführt, und da sie die einzigen Ueberreste der plastischen Kunst des heroischen Zeitalters in Griechenland sind, so haben sie für die Archäologie ein unermesslich hohes Interesse.

An Ober- und Unterschwelle des grossen Thores sieht man deutlich die Löcher für Riegel und Angeln, und in den grossen Steinen des Pflasters die Geleise der Wagenräder.

An der nordöstlichen Seite ist eine Ausfallthür von
2 Meter 34 Centimeter Höhe und 1 Meter 66 Centimeter
Breite; sie wird ebenfalls von drei Steinen gebildet, zeigt
aber keine Bildhauerarbeit.

Die ganze Bodenfläche innerhalb der Citadelle ist mit
Stücken von Ziegeln und Töpferwaaren bedeckt. Wie ich
in einer von einem Bauern zu einem mir unbekannten
Zwecke gegrabenen Grube sah, findet man dergleichen
Bruchstücke bis zu einer Tiefe von sechs Metern. Mit
Recht schliesst man wohl daraus, dass die ganze Festung
im Alterthume bewohnt gewesen ist, und darf mit Rücksicht auf ihre imponirende Lage und grosse Ausdehnung
annehmen, dass sie die Paläste der Familie des Atreus enthalten hat. Dass Sophokles derselben Ansicht war, ergiebt
sich aus seiner Elektra.

Von hier begab ich mich nach der Schatzkammer Agamemnons, gewöhnlich „Τάφος 'Αγαμέμνονος" (*Grab des
Agamemnon*) genannt, welche sich 1 Kilometer weit von
der Festung befindet. Sie ist einer Schlucht gegenüber
in den Abhang eines Hügels gegraben. Ein Gang von
50 Meter Länge und 9 Meter Breite, den zwei parallele
Mauern von 10 Meter Höhe aus künstlich behauenen
Steinen von 1 Meter 34 Centimeter bis 1 Meter 67 Centimeter Länge und 67 Centimeter bis 1 Meter Breite bilden,
führt zu dem grossen Eingangsthore, welches 4 Meter
30 Centimeter hoch und am oberen Theile 2 Meter 83 Centimeter breit ist; seine Breite nimmt allmählich zu und beträgt unten 3 Meter.

Dieses Thor ist von einem einzigen prachtvoll behauenen
Steinblocke von 9 Meter Länge und 1 Meter 50 Centimeter
Höhe verdeckt, über welchem sich eine dreieckige Oeffnung

befindet, welche 4 Meter hoch und unten ebenso breit ist.
Neugierig kletterte ich hinauf und fand in der dreieckigen
Oeffnung Spuren, welche es nicht zweifelhaft lassen, dass
hier Statuen oder kleine Säulen gestanden haben mögen.
Zu jeder Seite des grossen Thores befand sich früher eine
Säule mit Piedestal und Kapitäl und zierlichen Sculpturen,
die nach Leake (*Morea* Bd. 2, S. 374) keine Aehnlichkeit mit andern erhaltenen Bildwerken Altgriechenlands
haben, sondern sich dem Stile derjenigen von Persepolis
nähern.

In dem grossen Eingange sieht man die Löcher für die
Riegel und Thürangeln. In gleicher Linie mit diesen befindet sich eine Reihe kleiner runder Löcher von etwa
5 Centimeter im Durchmesser und ungefähr 2 Centimeter
Tiefe, auf deren Grunde man zwei ganz kleine Löcher er
kennt, in denen jedenfalls bronzene Nägel gesteckt haben,
von denen noch Reste vorhanden sind. Ohne Zweifel hielten diese Nägel die bronzenen, in den runden Löchern be-
festigten Verzierungen. Die Schatzkammer besteht aus
zwei Zimmern, von denen das erste kegelförmig ist und
16 Meter im Durchmesser und 16 Meter 67 Centimeter
Höhe hat; es steht durch eine Thür mit einem weiter hinein
befindlichen, nur 7 Meter 66 Centimeter langen und breiten
Zimmer in Verbindung, welches plump in den Felsen gehauen ist.

Dieses letztere war vollkommen dunkel, und zum Unglück hatte ich keine Streichhölzer mitgenommen. Ich
sagte dem Jungen, der mich von Charvati begleitet hatte,
er solle welche holen; aber er versicherte mir, es gäbe im
ganzen Dorfe keine. Da ich indess vom Gegentheil überzeugt war, so versprach ich ihm für drei Streichhölzer eine

halbe Drachme (ungefähr 40 Centimes). Der Junge war
ganz verblüfft über meine Freigebigkeit und wollte es nicht
glauben. Dreimal fragte er mich, ob ich ihm wirklich
50 Lepta geben würde, wenn er Streichhölzer brächte.
Zweimal sagte ich Ja, das dritte Mal schwur ich bei Agamemnon's und Klytämnestra's Asche. Kaum hatte ich diesen Schwur gethan, so lief der Junge eilends nach Charvati, das über zwei Kilometer von der Schatzkammer des
Agamemnon entfernt ist, und kam bald wieder, in einer
Hand ein Bündel Strauchwerk, in der andern zehn Streichhölzer. Als ich ihn fragte, warum er dreimal mehr Streichhölzer gebracht hätte, als ich verlangte, gab er anfänglich
ausweichende Antworten; aber durch wiederholte Fragen
gedrängt, gestand er endlich, er hätte gefürchtet, ein oder
das andere Streichhölzchen möchte nicht fangen, und um
ganz sicher zu gehen und den versprochenen Lohn auf
jeden Fall zu erhalten, habe er zehn statt drei gebracht.
Nun zündete er in dem inneren Zimmer ein grosses Feuer
an, bei dessen Schein die unzähligen Fledermäuse, welche
hier ihren Wohnsitz aufgeschlagen hatten, mit schwirren-
dem Flügelschlag aufflogen und zu entkommen suchten.
Aber geblendet von dem Scheine des Feuers konnten sie
den Ausweg nicht finden, flatterten von einer Seite des
Zimmers zur andern und belästigten uns sehr, da sie
uns ins Gesicht flogen und sich an unsere Kleider an-
klammerten.

Diese Scene erinnerte mich lebhaft an die schönen
Verse Homers (*Od.* XXIV, 6—10), in welchen er schildert,
wie Mercur die Seelen der Freier der Penelope in die Unterwelt führt und sie ihm schwirrend folgen:

Th Muller lith.

Imp Lemercier et Cⁱᵉ Paris

AGAMEMNON'S SCHATZKAMMER.

Ὡς δ' ὅτε νυκτερίδες μυχῷ ἄντρου θεσπεσίοιο
Τρίζουσαι ποτέονται, ἐπεί κέ τις ἀποπέσῃσιν
Ὁρμαθοῦ ἐκ πέτρης, ἀνά τ' ἀλλήλῃσιν ἔχονται
Ὣς αἱ τετριγυῖαι ἅμ' ἤϊσαν · ἦρχε δ' ἄρα σφιν
Ἑρμείας ἀκάκητα κατ' εὐρώεντα κέλευθα.

„Wie drinnen in einer göttlichen Höhle die Fledermäuse
flattern und ein schwirrendes Geräusch machen, wenn eine
von ihnen vom Felsen fällt, an dem sie alle aneinander ge-
klammert sitzen: so bewegten sich die Seelen schwirrend.
An ihrer Spitze ging Mercur, der sie zu den dunklen Pfaden
führte."

Der grosse Saal oder Dom ist aus künstlich behauenen,
33 bis 70 Centimeter langen und 30 bis 60 Centimeter breiten, ohne Cement übereinander geschichteten Steinen erbaut. In jedem dieser Steine sind zwei kleine Löcher mit
den Resten von darin eingeschlagen gewesenen Nägeln.
Man findet selbst noch vollständig erhaltene Nägel in den
Steinen des oberen Theils des Domes. Diese können wohl
kaum einen andern Zweck gehabt haben, als die Zimmer-
bekleidung zu befestigen, und, wenn wir auch zugeben,
dass die Nägel im untern Raume, bis zu einer Höhe von
vier Metern, zum Aufhängen der Waffen und anderer
Gegenstände gedient haben, so können doch unmöglich die
oben am Gewölbe des Domes befindlichen zu gleichem
Zwecke verwandt worden sein. Uebrigens zeigt die Bauart
dieses Gebäudes bis in seine kleinsten Einzelnheiten eine
wunderbare Kunst und Sorgfalt. Nachdem es einunddreissig
Jahrhunderte lang den Verheerungen der Zeit getrotzt hat,
ist es noch jetzt so vollkommen erhalten, als wenn es erst
kürzlich erbaut wäre. Ohne Zweifel ist es früher auf die

glänzendste Weise ausgeschmückt gewesen. Meiner Ueberzeugung nach waren alle inneren Wände des grossen
Saales mit bronzenen oder kupfernen polirten Platten bekleidet, umsomehr, da wir aus den Schriften des Alterthums wissen, dass die Griechen in frühester Zeit ihre Gebäude auf diese Weise ausstatteten; denn anders können
wir uns die ehernen Häuser und Zimmer, welche die alten
Dichter und Historiker erwähnen, nicht erklären.

So lesen wir z. B. bei Homer (*Od.* VII, 84—87):

'Ωστε γὰρ ἠελίου αἴγλη πέλεν ἠὲ σελήνης,
Δῶμα κάθ' ὑψερεφὲς μεγαλήτορος 'Αλκινόοιο,
Χάλκεοι μὲν γὰρ τοῖχοι ἐρηρέδατ' ἔνθα καὶ ἔνθα,
'Ες μυχὸν ἐξ οὐδοῦ   περὶ δὲ θριγκὸς κυάνοιο.

„Wie die Sonne oder der Mond im hellen Glanze strah-
len, so erglänzte der hohe Palast des hochherzigen Alkinoos;
denn die ehernen Wände erstreckten sich von der Schwelle
des Thores bis auf den Grund des Gebäudes; ihr Simswerk
war von blauem Stahl."

Und bei Pausanias (II, 23):

'Αλλα δέ ἐστιν 'Αργείοις θέας ἄξια · κατάγαιον οἰκοδόμημα,
ἐπ' αὐτὸ δὲ ἦν ὁ /αλκοῦς θάλαμος, ὃν 'Ακρίσιός ποτε φρουρὰν
τῆς θυγατρὸς ἐποίησεν. Περίλαος δὲ καθεῖλεν αὐτὸν τυραννήσας
τοῦτό τε οὖν τὸ οἰκοδόμημά ἐστι.

„In Argos gibt es noch andere sehenswerthe Merkwür-
digkeiten: ein unterirdisches Gewölbe, über welchem sich
das kupferne Zimmer befand, das Akrisius seiner Tochter
(Danaë) als Gefängniss anwies; unter Perilaos Regierung

wurde es zerstört; das Gebäude aber ist noch jetzt vorhanden."

Ferner bei Horaz (*Od.* III, 16):

> Inclusam Danaën turris ahenea
> Robustaeque fores et vigilum canum
> Tristes excubiae munierant satis
> Nocturnis ab adulteris . . . . .

„Ein eherner Thurm, feste Thüren und die strenge
Wache unheimlicher Hunde waren für die eingeschlossene
Danaë eine hinreichend starke Schutzwehr gegen nächt-
liche Buhler."

ZWÖLFTES KAPITEL.

Hoher Preis des Eisens im Alterthume. — Zwei andere Schatz-
kammern. — Der Boden ist mit alten Scherben bedeckt. —
Ruinen des Heraion. — Argos. — Die Citadelle. — Geschichte von
Argos. — Zweiundzwanzig Führer. — Ruinen der Altstadt. — Die
Fustanella. — Der Retsino-Wein. — Tiryns und seine cyklopi-
schen Mauern. — Geschichte von Tiryns. — Nauplia. — Sage von
Palamedes. — Beweis, dass die Schreibkunst zur Zeit Homers
nicht bekannt war. — Die Festung Palamedes. — Die Gefangenen.

Es unterliegt keinem Zweifel, dass Eisen und Stahl
schon zu Homers Zeiten bekannt waren, weil dieser Dichter öfter σίδηρος (*Eisen*) und κυανος erwähnt, welches letztere
Wort man nicht anders als durch *Stahl* übersetzen kann
(*Il.* XXIII, 850—851; XI, 24—25; *Od.* IX, 391—393; VII,
87); aber beide Metalle waren damals so selten und so kostbar, dass man sie noch nicht zur Verfertigung von Waffen
anwandte; und wirklich sind alle in Homers Gedichten erwähnten Waffen aus χαλκός (Erz, worunter man *Bronze*
oder *Kupfer* zu verstehen hat).

Dies bestätigt auch Pausanias (III, 3, §. 6):

„Dass im heroischen Zeitalter alle Waffen von Erz waren, bezeugt uns Homer durch seine Beschreibung der Axt
des Peisandros und des Pfeiles des Meriones. Einen andern
Beweis giebt uns die Lanze des Achilles, welche im Tempel
der Minerva zu Phaselis aufbewahrt wird, und der Degen
des Memnon, den man im Tempel des Aeskulap zu Niko-

media sieht; die Spitze und der Beschlag der Lanze, sowie der ganze Degen, sind von Erz; wir wissen, dass es sich so verhält."

Selbst sieben Jahrhunderte nach dem trojanischen Kriege war das Eisen noch so kostbar und selten, dass in dem Friedensvertrage, den Porsenna nach Vertreibung der Könige mit dem römischen Volke schloss, sich die ausdrückliche Klausel befand, die Römer sollten das Eisen nur zum Ackerbau verwenden (*Plinius* XXXIV, 39).

In der Nähe der Citadelle sieht man die Ruinen zweier anderer Schatzkammern von geringeren Dimensionen, die aber in demselben Styl, wie die eben beschriebene, erbaut sind. In beiden sind die Gewölbe eingestürzt, die Mauern hingegen gut erhalten. Als ich die Steine dieser Bauwerke aufmerksam untersuchte, fand ich auch die Spuren bronzener Nägel, ein deutlicher Beweis, dass das Innere ebenfalls mit kupfernen Platten bekleidet gewesen ist.

Die ganze Baustelle der alten Stadt Mykenä ist mit Trümmern von Ziegeln und Töpferwaaren bedeckt, und selbst, wenn man von der Festung und den Schatzkammern absieht und nur den Erdboden betrachtet, so sieht man, dass hier eine grosse Stadt gestanden haben muss.

Als ich 4 Uhr Nachmittags nach Charvati zurückkehrte, fand ich meine Escorte und den Führer fest eingeschlafen, und ich konnte sie nicht anders wach machen, als indem ich ihnen Wasser ins Gesicht spritzte. Als sie munter geworden waren, wollten sie mich überreden, die Nacht über im Dorfe zu bleiben, weil es schon zu spät wäre, um Argos noch erreichen zu können. Ich hatte indess wenig Lust, die Nacht in diesem Dorfe zuzubringen, dem schmutzigsten und elendesten, das ich bis jetzt in Griechenland gesehen

habe, wo sich keine Quelle, kein Brod, kein Obst, sondern
nur wenig brackiges Regenwasser vorfand, und gab daher
Befehl zur Abreise. Da aber meine Leute neue Einwen-
dungen machten, entliess ich die beiden Soldaten mit einem
Geschenk, und bestieg meine Rosinante. Mit Peitsche und
Sporn gelang es mir endlich, sie fast in Galopp zu bringen,
und so ging es vorwärts in der Richtung nach Argos.
Unter solchen Umständen sah sich mein Führer, dem das
Pferd gehörte, gezwungen, mir nachzukommen, und er
musste sich dazuhalten, um mich einzuholen.

Wenn es schon unangenehm ist, auf einem schlechten,
wenn auch gut gesattelten Pferde zu galoppiren, so ist dies
noch weit unangenehmer auf einem elenden Thiere, das auf
seinem Rücken statt des Sattels ein viereckiges hölzernes
Gerüst ohne Steigbügel trägt, und statt eines Zaumes einen
Strick um den Hals hat; man gewöhnt sich aber an alles
Ungemach, besonders wenn man ein bestimmtes Ziel im
Auge hat. Mein lebhaftes Verlangen, das *Heraion*, den berühmten Tempel der Juno, zu untersuchen und noch am
Abend in Argos anzukommen, liess mich vergessen, dass
ich ohne Sattel reiten musste.

Um 5 Uhr kam ich an diesem Tempel an, welcher im
Jahre 423 v. Chr. durch einen unglücklichen Zufall ab-
brannte. Pausanias (II, 17) giebt uns die Beschreibung des
neuen, neben dem alten errichteten Tempels.

Die Ruinen liegen auf einem Hügel, dessen unregel-
mässige Platform in drei sich übereinander erhebende
Terrassen getheilt ist. Jetzt ist nur ein massiver, cyklopischer Unterbau des alten, und einige hellenische Mauern
des neuen Tempels vorhanden.

Halb sieben Uhr Abends kam ich in Argos an, das

auf den Ruinen der alten gleichnamigen Stadt erbaut ist. Die neue Stadt hat nur 8000 Einwohner, sie nimmt aber einen ungeheuren Raum ein, weil alle Häuser einstöckig und von Gärten umgeben sind. Sie ist eine der blühendsten Städte Griechenlands, deren Industrie und Landwirthschaft bedeutend ist.

Ein Hôtel giebt es nicht in der Stadt, und da ich mich nicht abermals der Gefahr aussetzen wollte, die Nacht in einem elenden Wirthshause zubringen zu müssen, so blieb mir nichts weiter übrig, als nach dem Abendbrode mein Nachtlager auf einem benachbarten Felde zu suchen.

Am Morgen des folgenden Tages stieg ich, nachdem ich in einem Wirthshause von Argos gefrühstückt hatte, zu der Festung hinauf, die auf einem kegelförmigen, 334 Meter hohen Felsen liegt. Zwei Strassenjungen boten mir, gegen eine Entschädigung von 10 Lepta (8 Centimes) für jeden, ihre Dienste als Führer an.

Diese Citadelle hiess im Alterthum auf pelasgisch *Larissa* oder auch wegen ihrer runden Form *Aspis*, d. h. Schild. Doch bemerkt man an ihren Mauern nur wenig Reste cyklopischer Bauart, und selbst von hellenischer Arbeit ist wenig mehr vorhanden; fast alle Mauern rühren von den Venetianern oder Türken her. Jetzt ist die Citadelle verlassen und verfällt mehr und mehr.

Die Fernsicht von oben ist prachtvoll; man sieht die Ebene von Argos, Tiryns, Nauplia, Mykenä, den halcyonischen See, den lernäischen Sumpf u. s. w.

Eine Stunde lang verweilte ich auf dem höchsten Puncte der Festung, überschaute die Ebene von Argos und vergegenwärtigte mir die Hauptereignisse, deren Schauplatz sie gewesen ist. Hier liess sich im Jahre 1856 v. Chr.

Inachus, und 1500 v. Chr. Danaus mit ägyptischen Colo-
nisten nieder. Hier herrschten Pelops, von dem die Halb-
insel ihren Namen erhielt, und seine Nachkommen Atreus
und Agamemnon, Adrastos, Eurystheus und Diomedes; hier
wurde Herkules geboren, der den Löwen in der Höhle von
Nemea und die Hydra im lernäischen Sumpfe tödtete.
Schon im fernsten Alterthum war Argos in mehrere kleine
Reiche getheilt: Argos, Tiryns, Epidaurus, Hermione,
Trözen und Mykenä, welche in der Folge unabhängige
Staaten bildeten.

Argos, eine der grössten und mächtigsten Städte Altgriechenlands, war durch die Liebe ihrer Einwohner für die
schönen Künste, besonders für die Musik, berühmt. Nach
Pausanias (II, 19 und 20) hatte die Stadt dreissig herrliche
Tempel, prachtvolle Gräber, ein Stadion, ein Gymnasion,
und manche andere prächtige Denkmäler; jetzt sind nur
noch wenige Ruinen davon übrig.

Kaum war ich mit meinen zwei kleinen Führern von
der Citadelle herabgestiegen, als ungefähr zwanzig andere
Jungen sich mir anschlossen, und so viele Mühe ich mir
auch gab, diesen lärmenden Haufen loszuwerden, es wollte
mir nicht gelingen. Unter solcher Begleitung besichtigte
ich die Reste der alten Stadtmauern, dann das alte Theater,
in welchem ich 71 in drei Abtheilungen getheilte Stufen
zählte, die in den Felsen gehauen sind, der von Natur
eine Krümmung bildet. Das Theater hat 150 Meter, und die
Orchestra 67 Meter im Durchmesser; man hat berechnet,
dass es 20,000 Zuschauer fassen konnte.

Neben dem Theater sind die Ruinen mehrerer Tempel;
in einem derselben kaufte ich von einem Bauern für
30 Drachmen oder ungefähr 2 Francs 60 Centimes eine

kleine marmorne Büste des Jupiter, welche er angeblich beim Pflügen gefunden hatte.

Da keine Alterthümer mehr vorhanden waren, so kehrte ich in die Stadt zurück, als die zwanzig Jungen, die mich gegen meinen Willen begleitet hatten, mit lautem Geschrei Bezahlung verlangten, weil jeder behauptete, mein Führer gewesen zu sein. Um sie loszuwerden, gab ich jedem 10 Lepta (8 Centimes), womit sie sich zufrieden gaben.

In Argos, wie überall im Peloponnes, trägt jedermann das griechische Nationalcostüm, welches für die Reichen in zwei sammtnen, goldgestickten Jacken, und für die Bauern in einer oder zwei Jacken aus einfachem Stoffe besteht; ausserdem die Fustanella, die über dem Bauche durch einen Shawl oder einen Gürtel befestigt wird, in welchem eine oder zwei Pistolen und ein Dolch stecken. Die Tracht der Frauen besteht in einem enganschliessenden gestickten Mieder und einem hellfarbigen Rocke; sie tragen auf dem Kopfe einen rothen türkischen Fez mit einer langen Eichel von Seide oder Goldfäden.

Die Hitze war an diesem Tage drückend, und um so unerträglicher, da kein Lüftchen wehte. Da ich fortwährend dem Sonnenscheine ausgesetzt war, so hatte ich viel zu leiden, und meine Kleider waren von Schweiss ganz durchnässt. Ein brennender Durst quälte mich den ganzen Tag, und ich war nicht im Stande ihn zu löschen, obwohl ich eine solche Menge Wein und Wasser trank, als unter andern Umständen für eine ganze Woche hingereicht hätte. Wie überall in Griechenland ist der Wein in Argos ausgezeichnet, besonders der weisse, *Retsino* genannt, der durch die Beimischung von einer Art Harz einen sehr bittern Geschmack bekommt.

Gegen 2 Uhr Nachmittags bestieg ich einen der nach Nauplia fahrenden öffentlichen Wagen. Sieben Kilometer von Argos und 3¹/₂ Kilometer von Nauplia, stieg ich bei der Citadelle von Tiryns ab, welche auf dem Plateau eines kleinen Hügels liegt und von 8 bis 12 Meter hohen und 8 bis 9 Meter dicken Mauern umgeben ist. Diese Mauern sind aus grob behauenen, 2 bis 4 Meter langen, 1 Meter 33 Centimeter breiten und ebenso hohen Steinen erbaut. Pausanias berichtet, dass der Heros Tiryns, von dem die Stadt ihren Namen hat, ein Sohn des Argus und Enkel des Jupiter war; dass von den Ruinen nichts weiter übrig ist, als eine von den Cyklopen erbaute Mauer, deren Steine eine so enorme Grösse haben, dass ein Gespann von zwei Maulthieren nicht einmal den kleinsten von der Stelle bewegen könnte. Auch sagt er, dass die Zwischenräume der grossen Steine mit kleinen ausgefüllt sind (*Pausanias* II, 25).

Natürlich versteht Pausanias unter dem Worte τεῖχος die grosse Mauer der Citadelle, denn von der Stadtmauer ist keine Spur zu finden. Wäre diese aber zur Zeit des Pausanias noch vorhanden gewesen, so würde sie wahrscheinlich noch jetzt ebenso wohl, wie die der Citadelle, zu sehen sein.

Man hat diese Mauern im ganzen Alterthume für ein Wunderwerk angesehen; Pausanias (II, 16; VII, 25) und Strabo (VIII, 6) bestätigen, dass sie von den Cyklopen für den König Proitos erbaut worden sind. *Pindar (fragmenta ed. Boeckh)* spricht auch von „Κυκλώπια πρόθυρα Τίρυνθος" und Pausanias (IX, 36) stellt sie als Wunderwerke den ägyptischen Pyramiden gleich. Auf jeden Fall reicht ihr Bau in die älteste Sagenzeit Griechenlands hinauf, und die

Tradition erzählt, Proitos habe Tiryns an Perseus abgetreten
und dieser es dem Elektryon überlassen, dessen Tochter
Alkmene, die Mutter des Hercules, den Amphitryon hei-
rathete, welcher von Sthenelus, dem Könige von Argos,
vertrieben wurde. Herkules eroberte Tiryns und hatte
lange Zeit hier seinen Wohnsitz, weshalb er häufig der
Tirynthier genannt wird. (Pindar *Ol.* XI, 40; Ovid *Met.*
VII, 410; Virgil *Aen.* VII, 662).

Selbst nach der Rückkehr der Herakliden und nach der
Eroberung des Peloponnes durch die Dorier blieb die Stadt
in der Gewalt der Achäer. Herodot (VI, 81—83) erzählt,
dass nach der gänzlichen Niederlage der Argiver durch
Kleomenes ihre Stadt (Argos) von Männern so entblösst
war, dass die Sklaven sich der Herrschaft bemächtigten;
als aber die Söhne der getödteten Einwohner herangewach-
sen waren, hätten sie die Sklaven vertrieben, welche alsdann Tiryns eroberten und sich dort behaupteten.

Wie ich schon früher bemerkte, haben vierhundert Mykenier und Tirynthier an der Schlacht bei Plataä Theil genommen (*Herodot* IX, 28). Im Jahre 466 v. Chr. wurde
Tiryns von den Argivern zerstört (*Strabo* VIII, 6).

Im Innern der Citadelle sind zwei durch eine cyklopische
Mauer getrennte Plateaus, das eine 4 Meter höher als das
andere. Das höhere ist 135 Meter lang und 70 bis 80 Meter
breit; das niedrigere ist nur 115 Meter lang und 40 Meter
breit. Auf dem höheren Plateau sieht man viele durch cyklopische Mauern gestützte Terrassen.

Die Mauern im Süden und Osten enthalten bedeckte
Galerien von eigenthümlicher Bauart. In der östlichen
Mauer sind zwei parallele Corridore, deren einer mit sechs
Nischen in der äussern Wand versehen ist. In der südlichen

Mauer ist eine 4 Meter breite Galerie, in deren Mitte sich
ein ungeheurer Thürpfosten befindet, mit einem grossen
Loch für den Riegel, woraus sich ergiebt, dass man, wenn
es nöthig war, den Durchgang verschliessen konnte. Ohne
Zweifel haben diese Galerien dazu gedient, zwischen den
beiden Thürmen oder Waffenplätzen an den äussersten
Enden die Communication zu unterhalten.

Homer nennt Tiryns (*Il.* II, 559): Τίρυνς τειχόεσσα (*das
mit Mauern umgebene Tiryns*). Da er das Adjectiv „τειχόεσσα" von andern Städten nicht gebraucht, so hat er ohne
Zweifel damit sagen wollen, dass die Mauern von Tiryns
mit ganz besonderm Rechte diesen Namen verdienten.

Auf der Südwestseite der Citadelle ist Raum genug für
eine Stadt, und wirklich ist hier der Boden mit Trümmern
von Ziegeln und Töpferwaaren bedeckt, woraus sich ohne
Zweifel ergiebt, dass hier eine Stadt gestanden hat; diese
kann aber keine cyklopischen Mauern gehabt haben, da
sich keine Spuren davon mehr vorfinden. Ueberhaupt habe
ich in der Umgegend auch nicht einen einzigen Stein gesehen, der von einem cyklopischen Bau herrühren könnte,
weshalb ich vermuthe, dass zu Homers Zeiten die ganze
Stadt oder wenigstens der grösste Theil derselben sich in
der Festung selbst befand, dass die Erbauung der ausserhalb derselben liegenden Stadt in spätere Zeit fällt. Das
von Homer gebrauchte Wort τειχόεσσα kann sich also meiner
Meinung nach nur auf die ungeheuren cyklopischen Mauern
der Festung von Tiryns beziehen.

Ich setzte meine Reise allein und zu Fuss in der Richtung von Nauplia fort, griechisch Ναυπλία, auf italienisch
Napoli di Romagna genannt, und kam in einer Stunde vor
dem Stadtthore an, über welchem man noch jetzt den Löwen

ACROPOLIS VON TIRYNS

Th. Muller lith

Imp. Lemercier et Cᵉ Paris

von St. Marcus sieht. Auf meinem Wege nach dem Gasthofe kam ich an mehreren Springbrunnen mit türkischen
Inschriften vorbei, aus welchen sich ergiebt, dass die Brunnen im zwölften Jahrhundert der Hedschra angelegt sind.

Das Dampfboot war eben nach dem Piräeus abgefahren,
und ich musste eine Woche lang auf die nächste Fahrt warten.

Nauplia wurde von Ναύπλιος, dem Sohne des Neptun
und der Amymone (*Strabo* VIII, 6 und *Pausanias* II, 38),
gegründet.

Nach der Tradition war Palamedes, der Sohn des Nau-
plios, nach Ithaka gegangen, um die List des Odysseus zu
enthüllen, welcher, um dem Zuge nach Troja zu entgehen,
den Wahnsinnigen spielte. Als Palamedes sah, wie Odysseus am sandigen Meeresstrande mit einem Pferde und einem
Ochsen pflügte und Salz in die Furchen streute: so nahm
er den neugebornen Telemach aus den Armen der Penelope
und legte ihn vor den Pflug. Odysseus aber gab der Pflug-
schar eine andere Richtung, um sein Kind nicht zu tödten.
Da erkannte Palamedes seine List und zwang ihn, dem
Zuge nach Troja zu folgen. Um sich zu rächen, ahmte
Odysseus die Namensunterschrift des Palamedes nach und
schrieb unter seinem Namen Briefe an Priamus, in denen
er Verrath an den Griechen übte. Wirklich wusste er es
auch so anzustellen, dass die Correspondenz in die Hände
der Griechen fiel, welche den Palamedes zum Tode ver-
urtheilten und steinigten. Indes Strabo (VIII, 6) erklärt
diese Erklärung für eine Fabel; denn Homer würde, wenn
die Sache sich so verhalten hätte, gewiss nicht unterlassen
haben, einen Mann wie Palamedes zu erwähnen, der nach
so vielen Beweisen von Scharfsinn und Klugheit auf unge-
rechte Weise ermordet worden war.

Wir erklären aus noch zwei andern gewichtigen Gründen diese Erzählung für eine Fabel. Erstens ist nirgends
auf Ithaka ein sandiges Ufer, da die ganze Küste mit Felsen bedeckt ist, welche schroff ins Meer abfallen und die
Aufhäufung des Sandes unmöglich machen. Zweitens darf
man wohl mit Sicherheit annehmen, dass zur Zeit des trojanischen Krieges die Schreibkunst noch gar nicht erfunden
war, weil man noch niemals eine Inschrift aus dem heroischen Zeitalter gefunden hat; und selbst im Sprachgebrauche
des Homer, von dem man annimmt, dass er zwei Jahrhun-
hunderte nach diesem Kriege gelebt hat, hat das Wort
γράφειν nicht die Bedeutung von schreiben, sondern ritzen,
kratzen, einschneiden. Z. B. *Il.* VI, 167—170:

Κτεῖναι μέν ῥ᾽ ἀλέεινε, σεβάσσατο γὰρ τόγε θυμῷ,
Πέμπε δέ μιν Λυκίηνδε, πόρεν δ᾽ ὅγε σήματα λυγρὰ
Γράψας ἐν πίνακι πτυκτῷ θυμοφθόρα πολλά
Δεῖξαι δ᾽ ἠνώγειν ᾧ πενθερῷ, ὄφρ᾽ ἀπόλοιτο.

„Er stand davon ab, ihn zu tödten, denn eine heilige
Scheu hielt ihn zurück; aber er schickte ihn nach Lycien
und gab ihm verderbenbringende Zeichen mit, indem er
in eine gefaltete Tafel viele todbringende Merkmale ein-
schnitt; diese sollte er seinem Schwiegervater zeigen, damit
er auf diese Weise umkäme.“

Nach Apollodors Ansicht (II, 3), der die nämliche Geschichte erzählt, soll Homer mit σήματα geschriebene Buchstaben, und mit γραφειν schreiben meinen, denn er sagt:
„Ἔδωκεν ἐπιστολὰς αυτῷ πρὸς Ἰοβάτην κομίσειν ἐν αἷς ἐνεγέ-
γραπτο Βελλεροφόντην ἀποκτεῖναι.“ (*Er gab ihm Briefe an
den Jobates, in welchen geschrieben war, er solle den Belle-
rophon tödten.*)

Indess Apollodor irrt; denn in den Homerischen Gedichten findet sich nirgends die geringste Spur der Anwen-
dung der Schreibkunst; man kann also nicht annehmen, dass
den Homerischen Helden diese Kunst bekannt gewesen sei.

Im Zusammenhange mit der erzählten Fabel von Palamedes wird der hohe, steile und einsame Felsen vor Nauplia
noch jetzt Palamedes genannt. Auf dem Gipfel desselben,
der sich 240 Meter über den Meeresspiegel erhebt, ist eine
grosse, von den Venetianern erbaute Festung. Sie ist von
allen Seiten unnahbar, ausser an einem Puncte im Osten,
wo sich der Felsen an eine Hügelkette anschliesst. Wegen
ihrer scheinbar uneinnehmbaren Lage wird sie das griechische Gibraltar genannt. Sie wurde nach einer langen
Belagerung durch die Griechen den Türken genommen und
ergab sich erst, als fast die ganze Garnison vor Hunger
umgekommen war. Die Festungswerke sind stark, aber in
schlechtem Zustande. Die Garnison besteht jetzt nur aus
etwa 30 Soldaten.

Auf einen Erlaubnissschein des Generalstabes von Nauplia zeigte man mir die Citadelle in allen ihren einzelnen
Theilen. Man führte mich auch in den Gefängnisshof, wo
man Verschläge hat anbringen lassen, damit die Gefangenen
dort täglich einmal nach der Reihe frische Luft schöpfen
können.

Es war eben 5 Uhr Nachmittags und alle Gefangenen
hatten bereits ihren Spaziergang gemacht, mit Ausnahme
von fünfen, welche ich noch in einem der Verschläge herum-
gehen sah. Sie konnten sich nur mühsam bewegen, da sie
mit schweren Ketten an den Füssen belastet waren. Ihr
wildes Aussehen erregte meine Aufmerksamkeit und ich
trat an den Verschlag heran, um sie näher in Augenschein

zu nehmen. Die fünf Männer kamen sogleich auf mich zu
und fragten mich nach einer tiefen Verbeugung, ob ich
ihnen nicht ein griechisches Buch oder wenigstens ein griechisches Journal geben könnte. Zufällig hatte ich einen
Band der Gedichte von Alex. Sutsos bei mir. Ich machte
ihnen das Buch zum Geschenk und gab ihnen den guten
Rath, es ganz auswendig zu lernen. Mit dem Ausdrucke
der lebhaftesten Freude nahmen sie es an; aber wie war
ich erstaunt, als ich sah, dass sie das Buch verkehrt hielten.
Ich bekam eben keine hohe Meinung von ihren Kenntnissen
und fragte, ob sie lesen könnten. Sie antworteten: Οὐδὲ
γράμμα (nicht einen Buchstaben). — Aber was wollt Ihr denn
mit dem Buche anfangen? — Wir wollen lesen lernen, antworteten sie.

Obgleich ich nicht recht begriff, wie sie es anfangen wollten, aus einem gedruckten Buche lesen zu lernen, von dem
sie nicht einen Buchstaben verstanden, so wollte ich doch
keine weiteren Fragen deshalb an sie richten, aus Furcht,
sie möchten glauben, ich wollte ihnen das Buch wieder ab-
nehmen. Ich lenkte daher die Unterhaltung auf einen andern
Gegenstand und frug, warum sie im Gefängniss wären.

Sie antworteten: Wir schwören Ihnen, dass wir gegen
unsern Willen hier sind; auch sind wir vollkommen un-
schuldig, denn wir sind friedliche Hirten und haben Niemandem etwas zu Leide gethan. — Aber man steckt ehr-
liche Leute nicht ein, sagte ich zu ihnen, Ihr müsst also die
menschliche Gesellschaft schwer beleidigt haben, dass sie
eine so schreckliche Rache an Euch nimmt. — Man hat sich
in uns geirrt, sagten sie; man hat geglaubt, wir trieben das
Räuberhandwerk in den Gebirgen, während wir nur unsere
Heerden weideten.

Trotz ihrer Versicherung, dass sie immer einen muster-
haften Lebenswandel geführt hätten, schenkte ich doch
ihren Worten wenig Glauben und entfernte mich mit dem
Rathe, das Buch tüchtig zu studiren. Von dem Officier, der
mich herumführte, erfuhr ich, dass diese fünf Männer be-
rüchtigte Räuber wären, die sich einer Menge Mordthaten
schuldig gemacht hätten, weshalb sie alle zum Tode ver-
urtheilt wären und in einigen Tagen ihrem Ende entgegen
sähen.

DREIZEHNTES KAPITEL.

Akro-Nauplia. — Der Lernäische Sumpf. — Die Lernäische Hydra.
— Schildkröten und Schlangen. — Abreise von Nauplia. — Hydra. — Die reizenden Hydriotinnen. — Sphäria und seine albanesische Bevölkerung. — Liebenswürdige griechische Gesellschaft.
— Aegina. — Sein alter Ruhm. — Seine Ruinen. — Schwierigkeit,
die alten Münzen zu erklären. — Das Klima Aegina's. — Ankunft
im Piräeus in Athen.

In der Stadt selbst ist eine zweite Festung, Akro-Nauplia. Sie hat keine Bedeutung.

Nauplia ist eine der ältesten Städte Griechenlands. Zur
Zeit des Pausanias war sie unbewohnt und lag wahrscheinlich bereits in Trümmern.

Ich fuhr in einer Barke quer über den Golf von Nauplia
und stieg auf der andern Seite bei dem Orte Οἱ μύλοι (*die
Mühlen*) aus, um den berühmten Lernäischen Sumpf zu besichtigen. Der Sage nach war er einst von der Hydra, der
Tochter des Typhon und der Echidna, bewohnt; diese hatte
(nach Diodor) hundert Köpfe, nach andern alten Schriftstellern nur sieben; der mittelste Kopf war unsterblich. Als
Herkules vom Eurystheus den Befehl erhalten hatte, sie zu
tödten, vertrieb er sie mit Pfeilschüssen von ihrem Lager,
packte sie mit den Händen und fing an, ihr die Köpfe abzuhauen. Aber an Stelle jedes abgeschlagenen Kopfes entstanden sogleich zwei neue. Ausserdem schickte Juno der

Hydra einen Krebs zu Hülfe, welcher den Herkules in die
Füsse stach. Dieser tödtete den Krebs und befahl dem
Iolas, einen benachbarten Wald anzuzünden. So oft sie nun
einen Kopf abgeschlagen hatten, brannten sie mit einem
Feuerbrande die Wunde aus, sodass kein neuer Kopf entstehen konnte. Auf diese Weise gelang es dem Herkules
endlich, alle Köpfe abzuhauen, mit Ausnahme des unsterblichen, den er in die Erde grub und mit Felsblöcken zu-
deckte. In das giftige Blut des Ungeheuers tauchte er seine
Pfeile, die in Folge dessen unheilbare und tödtliche Wunden
beibrachten.

Der Lernäische Sumpf, griechisch „ἡ λίμνη τῆς Λέρνης"
genannt, ist ein ganz kleiner See, 400 Meter vom Ufer in-
mitten eines grösseren Sumpfes von ungefähr drei Kilometern im Umfange. Der kleine See ist von runder Form
und hat nur zehn Meter im Durchmesser. Da noch kein
Senkblei seinen Grund erreicht hat, so gilt er in der ganzen
Umgegend für grundlos. Aus diesem See kommt ein Flüss-
chen, das sich, in mehrere Arme getheilt, ins Meer ergiesst.
Sein Wasser hat nur 16 Grad Wärme und ist daher im
Vergleich mit der Luftwärme sehr kalt. Es ist sehr durch-
sichtig und wimmelt von Schildkröten. Fische giebt es
keine darin, vielleicht weil die Schildkröten sich vom Rogen
derselben nähren. Der ganze Sumpf ist mit einer üppigen
Vegetation von Bäumen, Gesträuchen und Kräutern bedeckt und wimmelt von giftigen Schlangen, sodass man
sich nicht ohne Gefahr in ihn hineinwagen kann. Ich liess
mich in einem kleinen Kahne durch alle Arme des Flüsschens fahren.

Ganz nahe bei diesem Sumpfe entspringt der Fluss Erasinos auf dem Berge Chaon. Er treibt zahlreiche Mühlen

und ergiesst sich in den Golf. Die Höhle, aus welcher er
kommt, hat an ihrem Eingange die Form eines gothischen
Bogens und geht wohl bis 65 Meter in den Berg hinein.
Man hält den Erasinos für den Stymphalos, der unter dem
Berge Apelauron in Arkadien verschwindet.

Am 28. Juli Morgens 1 Uhr reiste ich mit dem Dampfboote *Ionia* von Nauplia ab. Um 7 Uhr erreichten wir
Hydra, wo wir anhielten, um Passagiere auszuschiffen
und andere aufzunehmen. Hydra ist eine Stadt auf der
gleichnamigen kleinen Insel, welche nichts ist als ein un-
fruchtbarer Felsen, auf dem kein Grashalm wächst. Der
kleine Hafen, über welchem sich die Häuser der Stadt auf
dem steilen Felsen erheben, wird nur durch die Gebirge
der acht Kilometer entfernten peloponnesischen Küste geschützt. Der Hebungen und Senkungen wegen sind die
Strassen uneben, aber ausserordentlich reinlich. Am Kai
sind zahlreiche Magazine, welche den ausgebreiteten Handel der Stadt bezeugen. Alle Häuser haben flache Dächer
und so dicke Mauern, dass sie gegen die Erdbeben gesichert
zu sein scheinen. Sie machen von aussen und von innen
einen wohlthuenden Eindruck, und die Haushaltungen sind
in Folge der Gewohnheiten der schönen, anmuthigen, reizenden und arbeitsamen hydriotischen Damen ein wahres
Muster von Sauberkeit.

Die Möbel, halb im orientalischen, halb im europäischen
Stil, verbinden den Luxus des einen mit der Bequemlichkeit
des andern, während ihre Dauerhaftigkeit und Schmuck-
losigkeit beweist, dass sie für den Comfort, und nicht für
den Prunk gemacht sind.

Die Hydrioten stehen im Rufe grosser Ehrlichkeit und
Uneigennützigkeit und haben ihre kleine Insel durch den

glorreichen Antheil, den sie an der Wiedergeburt Griechenlands genommen haben, berühmt gemacht. Gewiss wird
bis zur spätesten Nachwelt mit dem Begriff der Freiheits-
liebe der Name der tapfern Hydrioten eng verknüpft sein.
Die Helden Conduriotti, Miaulis, Buduri und Tombazi,
welche sich in der griechischen Revolution auszeichneten,
waren sämmtlich aus Hydra gebürtig.

Im Alterthume war die Insel nicht bewohnt. Erst im
vorigen Jahrhundert bauten Fischer und Bauern, welche
in Folge der türkischen Unterdrückung das benachbarte
Festland verliessen, hier eine kleine Stadt, welche sich
durch albanesische, attische und argolische Flüchtlinge
bald vergrösserte. Die Bevölkerung, welche im Anfange
der griechischen Revolution aus 40,000 Seelen bestand, hat
sich jetzt auf nur ungefähr 20,000 reducirt. Auch die Zahl
der hydriotischen Schiffe, welche sich damals auf 150 belief, hat sehr abgenommen.

Ich glaube keinen bessern Beweis der Rechtschaffenheit
der Hydrioten und ihres gegenseitigen Vertrauens geben
zu können, als wenn ich folgenden Charakterzug mittheile.
Wenn ein Schiffscapitän der Insel sich zu einer langen
Reise rüstet, so geht er in Hydra von Haus zu Haus und
lässt sich von den Bewohnern Geldsummen übergeben, um
damit für ihre Rechnung zu speculiren. Obwohl er keine
Quittung darüber ausstellt, so ist es doch nie vorgekom-
men, dass er bei seiner Rückkehr die erhaltenen Posten
nebst Antheil an dem gemachten Gewinne an die Berech-
tigten nicht zurückerstattet hätte.

Um 9 Uhr Morgens fuhren wir von Hydra ab und kamen nach zwei Stunden bei der kleinen Insel Poros an,
welche im Alterthume Sphäria hiess. Sie ist ein vulkani-

scher Felsen, der im Süden nur durch einen engen Kanal
vom Peloponnes geschieden ist. Auf der Nordseite wird
Poros von der Insel Kalauria durch eine Meerenge getrennt, die man auf Maulthieren durchreitet, um die Ruinen
des Neptuntempels zu besuchen, in welchem Demosthenes
gestorben ist.

Poros ist durch die Conferenzen berühmt geworden,
welche die Gesandten von Russland, Frankreich und Eng-
land im Jahre 1828 daselbst hielten, und nach deren Er-
gebnissen von den verbündeten Regierungen die Grund-
lagen des neuen griechischen Königreichs festgestellt
wurden.

Die Stadt Poros hat ein eigenthümliches Ansehen. Ihre
kleinen weissen Häuser gleichen Seevögeln auf steilen dun-
keln Felsen. Die Bevölkerung besteht aus 7000 Albanesen.
Sie sehen dumm aus und sind sehr verschlossen; sie haben
blonde oder braune Haare und man unterscheidet sie auf
den ersten Blick von den lebhaften, intelligenten, schwarz-
haarigen Griechen.

Die griechischen Dampfboote sind sehr schlecht und
äusserst unbequem; dieser Mangel wurde indess reichlich
durch die ausserordentliche Liebenswürdigkeit meiner griechischen Reisegefährten ersetzt, die den höheren Ständen
angehörten. Sie waren ausserordentlich gesellig, theil-
nehmend und zuvorkommend, unterrichtet und intelligent,
und — was auf mich den tiefsten und bleibendsten Eindruck machte — sie bezeugten alle den lebhaftesten Enthusiasmus für ihre glorreichen Vorfahren und hohe Bewunderung für ihre göttlichen alten Dichter — Gefühle,
die ich vollkommen mit ihnen theile.

Daher kam es, dass trotz aller Mängel der griechischen

Dampfboote und trotz ihrer ausserordentlichen Langsamkeit die Reisetouren weit schneller ihr Ende erreichten, als ich selbst es wünschte. Leider habe ich mir die vielen trefflichen und intelligenten Passagiere an Bord des Dampfbootes Ionia nicht alle gemerkt. Ich erinnere mich jetzt nur noch des berühmten Lexicographen und Directors der griechischen Schulen, Sparlatos D. Byzantios aus Athen, des Directors des Gymnasiums in Sparta, Theodoros Bukides, und des Directors des Gymnasiums zu Tripolis im Peloponnes, Angelos Kappotas, an deren Unterhaltung ich ein ganz besonderes Interesse fand.

Um Mittag reisten wir von Poros ab und kamen halb drei Uhr Nachmittags in Aegina an, wo ich ausstieg, um die Gegend näher kennen zu lernen. Aegina ist ohne Widerrede eine der berühmtesten Städte Griechenlands. Schon Homer erwähnt sie *Il.* II, 562; Strabo schreibt folgendes über Aegina: „Wozu soll ich erst sagen, dass die Insel Aegina eine der berühmtesten ist? Man sagt, dass Aeakus und seine Nachkommen dorther stammen. Auch herrschte sie einst auf dem Meere und machte in der Schlacht bei Salamis gegen die Perser den Athenern den ersten Rang streitig." (*Strabo* VIII, S. 207 *ed. Tauchnitz.*)

Die Insel wurde durch die Dorier von Epidaurus bevölkert und hatte eine sehr mächtige Flotte. Sie machte sich besonders in der Seeschlacht bei Salamis berühmt, in welcher sich die Aegineten durch ihre Tapferkeit vor allen andern griechischen Volksstämmen auszeichneten. Nachdem sie lange die Nebenbuhlerin Athens gewesen, unterlag sie demselben im Jahre 456 v. Chr. und wurde eine atheniensische Provinz. Aber Perikles, der aus guten Gründen die Rache der Bewohner der Insel fürchtete, welche er die

Eiterbeule am Auge des Piräeus nannte, vertrieb im Jahre
431 v. Chr. die ganze Bevölkerung von der Insel und er-
setzte sie durch atheniensische Colonisten. Die Spartaner
wiesen den Aegineten Wohnsitze in Thyräa an und setzten
sie am Ende des peloponnesischen Krieges wieder in den
Besitz ihrer Insel; jedoch haben sie niemals ihren frühern
Einfluss und Wohlstand wieder erlangen können.

Die Stadt Aegina liegt am Nord-Westende der Insel auf
der Baustelle der alten Stadt, welche durch eine freistehende
dorische Säule bezeichnet ist. Im Süden dieser Säule sieht
man die Spuren eines alten Hafens von ovaler Form, welcher durch zwei alte Dämme geschützt wird, zwischen denen
nur ein enger Durchgang ist. Wenig südlicher bemerkt man
die Spuren eines andern eirunden Hafens, wohl zweimal so
gross als jener. Von hier aus sah ich die Ruinen der alten
Stadtmauer auf der dem Meere entgegengesetzten Seite.

Aegina war einst berühmt durch die Pracht und die
Menge seiner Denkmäler, aber nichts ist davon übrig geblieben, als die Säule am Ufer, einige fast zerstörte Gräber
und Spuren ehemaliger Brunnen.

Die Insel war gewiss schon im fernen Alterthume eine
gewerbfleissige, sehr reiche und bedeutende Handelsstadt;
denn aller Orten in Griechenland und auf den ionischen
Inseln findet man äginetische Silbermünzen in grosser Anzahl. Sie sind aus dem siebenten und achten Jahrhundert
v. Chr., also mehrere Jahrhunderte älter, als die ältesten
erhaltenen Münzen aus andern Staaten Griechenlands. Sie
haben beinahe die Gestalt einer Halbkugel; auf der einen
Seite sieht man eine Schildkröte, auf der andern sind drei
oder vier Einschnitte, welche die Gestalt von Pfeilspitzen
haben. Die mit vier Einschnitten sind die ältesten.

Hier scheint mir der passende Ort zu der Bemerkung
zu sein, dass wir nicht den Massstab unserer Lebens-
verhältnisse anlegen dürfen, wenn wir die alte Welt beurtheilen und uns einen richtigen Begriff von der Lebensweise
der alten Griechen und Römer bilden wollen. Aegina stand
schon im siebenten und achten Jahrhundert vor unserer
Zeitrechnung in hoher Blüthe; aber mit Rücksicht auf den
Raum, den die Baustelle seiner alten Stadt einnimmt, welche
durch die Ruinen der alten Mauern deutlich bezeichnet
wird, kann sie nie mehr als 20,000 Einwohner oder den
zweitausendsten Theil der Bevölkerung Frankreichs gehabt
haben. Aegina's Handel war bedeutend, und doch kann er
nicht den hundertsten Theil der Bedeutung des französischen Handels erreicht haben. Ausserdem war Geld im
siebenten und achten Jahrhundert v. Chr. sehr selten, denn
man fing damals erst an, Münzen zu prägen. Sicherlich hat
man diese Silbermünzen zu allen Zeiten überall, wo man
sie fand, sorgfältig aufgehoben und dennoch findet man
noch heute, nach 2600 Jahren, deren in grosser Menge.

Nehmen wir an, Frankreich würde jetzt von seinen Bewohnern verlassen. Ich bin fest überzeugt, man würde im
ganzen Lande, 26 Jahrhunderte nach diesem Ereignisse,
auch nicht einen Kupfersou, geschweige denn eine Silber-
oder Goldmünze finden, trotz der Milliarden Franken,
welche hier seit Jahrhunderten circulirt haben.

Die Masse der Kupfermünzen nicht nur, sondern selbst
der Silber- und Goldmünzen, welche täglich von den
Bauern in der römischen Campagna gefunden werden,
grenzt wirklich ans Fabelhafte. In Asien kann man die
Märsche und Lagerplätze der Armeen Alexanders des
Grossen und der Römer an den zahlreichen Münzen nach-

weisen, welche sie auf ihrem Zuge hinterlassen haben. Und
doch wissen wir aus den Schriftstellern des Alterthums,
dass der Gott Mammon schon damals ebenso eifrige An-
beter gehabt hat wie heutigen Tages. Man denke nur an
die Worte Virgils (*Aeneide* III, 56):

... Quid non mortalia pectora cogis
Auri sacra fames?

„Wozu treibst du nicht die menschlichen Herzen, ver-
wünschter Hunger nach Gold?"

In Rom habe ich die Behauptung gehört, die Verschleu-
derung der Münzen rühre von der Spielwuth der Alten her.
Aber diese Erklärung ist durchaus ungenügend; denn Jeder
spielte, um zu gewinnen, und wer gewann, steckte natürlich das Geld ein und hat es sicherlich nicht auf der
Erde liegen lassen.

Ich gestehe gern, dass ich mir diese Thatsache nicht erklären kann.

Im Innern der Insel Aegina, 14 Kilometer von der Stadt,
sieht man noch die Ruinen vom Tempel des Jupiter Pan-
hellenios, von welchem 22 Säulen und der grösste Theil des
Architravs erhalten sind. Dieses Gebäude ist aus porösen,
mit Gyps überzogenen Steinen erbaut. Auf dem Karniess
und dem Architrav sieht man noch Spuren von Malerei.
Auch Reste von röthlichem Gyps, mit welchem das Pflaster
überzogen war, haben sich erhalten.

Nach Strabo's Beschreibung war die Insel steinig und
wenig fruchtbar; aber seit seiner Zeit hat die Industrie der
Einwohner und die Anhäufung des atmosphärischen Stau-
bes den Boden sehr productiv gemacht.

Die Insel hat ein herrliches Klima; die Winter sind sehr
milde, und in Folge des beständigen, erfrischenden See-

windes hat man im Sommer nie über zu grosse Hitze zu klagen.

Am Morgen des folgenden Tages miethete ich für 11 Franken eine Barke und liess mich nach dem Piräeus fahren, woselbst ich um 10 Uhr Morgens ankam. Eine Stunde später war ich in Athen.

Ich unterlasse es, hier näher auf die Alterthümer der Hauptstadt Griechenlands einzugehen, die schon öfter von bedeutenden Gelehrten, welche die Erforschung derselben zum Gegenstand ihrer Studien gemacht hatten, mit kundiger Feder beschrieben worden sind. Nur das Eine will ich noch erwähnen, dass ich das Glück hatte, in Athen den ausgezeichneten Gelehrten Herrn Theokletos Vimpos, meinen Freund und ehemaligen Lehrer, jetzt Professor an der Universität zu Athen und Erzbischof von Mantinea und Kynuria, anzutreffen und in seinem belehrenden Umgange acht angenehme Tage zu verleben.

VIERZEHNTES KAPITEL.

Abreise von Athen. — Der Bankier Andreas Pedreño aus Karthagena. — Ankunft in Constantinopel und Rückkehr nach den Dardanellen. — Abreise nach Bunarbaschi — Unzählige Storchnester. — Abscheuliche Unreinlichkeit bei meinem Wirthe, einem
Albanesen. — Abermals Rosinante ohne Sattel und Zaum. — Die
Ebene von Troja. — Dreissig oder vierzig Quellen anstatt zweier.
— Bunarbaschi-Su. — Alter Kanal. — Sümpfe. — Der Skamander.

Am 6. August 1 Uhr Morgens fuhr ich mit dem Nil,
einem Dampfboote der Messageries impériales, vom Piräeus
nach den Dardanellen ab. Unglücklicher Weise kamen wir
dort am folgenden Tage 10 Uhr Abends an, und da man
nach türkischem Gesetz nach Sonnenuntergang nicht ans
Land steigen darf, so musste ich meine Reise auf demselben
Dampfboote bis Constantinopel fortsetzen. Die Langwei-
ligkeit dieser Reise, welche viel länger dauerte, als ich er-
wartet hatte, wurde durch das Vergnügen aufgewogen, den
berühmten Bankier Andreas Pedreño aus Karthagena in
Spanien zum Reisegefährten zu haben. Ich werde mich
immer mit wahrer Freude der Stunden erinnern, welche
ich in seiner angenehmen und belehrenden Gesellschaft verlebt habe.

Am 8. August 10 Uhr Morgens kamen wir in Constantinopel an. Ich liess mein Gepäck im Hôtel d'Angleterre,
und reiste noch denselben Tag mit dem Dampfboote *Simoïs*
nach den Dardanellen zurück, wo ich am folgenden Tage

7 Uhr Morgens ankam. Sofort wandte ich mich an den russischen Consul, Hrn. Fonton, dem ich meinen Wunsch kundgab, die Ebene von Troja besuchen zu wollen. Er unterstützte mich durch seine vortrefflichen Rathschläge und miethete für mich einen Führer und zwei Pferde für 90 Piaster (20 Fr.). Ohne längeren Aufenthalt machten wir uns nach Bunarbaschi auf den Weg, wo wir 6 Uhr Abends ankamen.

Mit wenigen Ausnahmen ist das ganze Land, welches wir durchreisten, unbebaut und mit Fichten und Eichen bedeckt. Die letzteren gehören zu der Gattung *Quercus Aegilops* und liefern die Knoppern, welche in den europäischen Gärbereien verwendet werden und sozusagen der einzige Ausfuhrartikel dieses Landes sind.

Der Weg ist ziemlich gut. Von Zeit zu Zeit finden sich Quellen mit gutem Trinkwasser.

Bunarbaschi, von dem man annimmt, dass es auf der Stätte des alten Troja liegt, ist ein schmutziges und elendes Dorf mit 23 Häusern, von denen 15 von Türken und 8 von Albanesen bewohnt sind. Auf jedem der fast flachen Dächer der Häuser befinden sich Storchnester in grosser Menge; ich habe auf einigen bis an zwölf gezählt. Diese Vögel sind hier von grossem Nutzen, weil sie die Schlangen und Frösche vertilgen, von denen die benachbarten Sümpfe wimmeln.

Nachdem mich mein Führer in das Haus eines Albanesen, der etwas Griechisch sprach, gebracht hatte, bezahlte und entliess ich ihn. Aber sofort beim Eintritt in das Haus sah ich ein, dass ich hier unmöglich wohnen konnte, denn die Wände, die hölzerne Bank, auf der ich schlafen sollte, Alles wimmelte von Wanzen und überall sah ich die abscheulichste Unsauberkeit. Als ich eingetreten war, bat ich um

Milch. Man brachte sie mir in einer Schale, die, wie es
schien, in zehn Jahren nicht ausgespült worden war. Lieber
wäre ich vor Durst umgekommen, als dass ich sie ange-
rührt hätte.

Ich sah mich also gezwungen, die Nächte auf freiem
Felde zuzubringen und traf mit dem Albanesen das Ueber-
einkommen, dass er für 5 Franken täglich mir meinen
Reisesack aufbewahren und jeden Morgen ein Gerstenbrod
liefern sollte. Auf diese Weise brauchte ich doch nicht zu
sehen, welche Hände und wie sie es bereiteten.

Meine nächste Sorge war nun, mir für den folgenden
Tag ein Pferd und einen Führer zu suchen, der etwas Griechisch spräche. Mit grosser Mühe fand ich einen, welcher
täglich 45 Piaster oder 10 Franken verlangte. Vergeblich
aber suchte ich nach einem Zaum und Sattel; man schien
dergleichen nicht einmal dem Namen nach zu kennen, und
ich musste mich daher abermals mit einem um den Hals
des Pferdes gebundenen Strick und einem erbärmlichen,
schmutzigen Σαγμάριον begnügen.

Ich gestehe, dass ich meine Rührung kaum bewältigen
konnte, als ich die ungeheure Ebene von Troja vor mir sah,
deren Bild mir schon in den Träumen meiner ersten Kindheit vorgeschwebt hatte. Nur schien sie mir beim ersten
Blicke zu lang zu sein und Troja viel zu entfernt vom
Meere zu liegen, wenn Bunarbaschi wirklich innerhalb
des Bezirks der alten Stadt erbaut ist, wie fast alle Archäologen, welche den Ort besucht haben, behaupten. Als ich
aber den Boden näher betrachtete und nirgends die geringsten Trümmer von Ziegeln oder Töpferwaaren entdeckte, so
gelangte ich zu der Ansicht, dass man sich über die Lage
Troja's getäuscht habe, und meine Zweifel mehrten sich,

als ich in Gesellschaft meines Wirths, des Albanesen, die
Quellen am Fusse des Hügels, auf welchem Bunarbaschi
liegt, besuchte. Man hat diese Quellen immer für die *beiden
Quellen* gehalten, von denen Homer (*Il.* XXII, 147—156)
spricht:

Κρουνὼ δ’ ἵκανον καλλιρρόω, ἔνθα δὲ πηγαὶ
Δοιαὶ ἀναΐσσουσι Σκαμάνδρου δινήεντος.
Ἡ μὲν γάρ θ’ ὕδατι λιαρῷ ῥέει, ἀμφὶ δὲ καπνὸς
Γίγνεται ἐξ αὐτῆς, ὡσεὶ πυρὸς αἰθομένοιο
Ἡ δ’ ἑτέρη θέρεϊ προρέει εἰκυῖα χαλάζῃ,
Ἢ χιόνι ψυχρῇ, ἢ ἐξ ὕδατος κρυστάλλω.
Ἔνθα δ’ ἐπ’ αὐτάων πλυνοὶ εὐρέες ἐγγὺς ἔασιν
Καλοὶ, λαΐνεοι, ὅθι εἵματα σιγαλόεντα
Πλύνεσκον Τρώων ἄλοχοι, καλαί τε θύγατρες,
Τὸ πρὶν ἐπ’ εἰρήνης, πρὶν ἐλθεῖν υἷας Ἀχαιῶν.

„Sie kamen an die beiden Brunnen, aus denen die beiden Quellen des wirbelreichen Skamandros hervorsprudeln.
Aus der einen fliesst lauwarmes Wasser, und Rauch steigt
empor wie von brennendem Feuer; die andere fliesst im
Sommer ähnlich dem Hagel, oder dem kalten Schnee, oder
dem gefrornen Wasser. Dort in der Nähe sind breite und
schöne Becken von Stein, wo die Frauen der Trojaner und
ihre schönen Töchter die prächtigen Kleider wuschen, einstmals zur Zeit des Friedens, ehe die Söhne der Achäer
kamen.“
Aber Homers Beschreibung passt nicht auf die von mir
besuchten Quellen; denn wenn man den Hügel von Bunarbaschi hinabsteigt, trifft man zuerst, auf dem Raume eines
Quadratmeters, *drei Quellen;* die eine quillt aus der Erde

heraus, die beiden andern entspringen am Fusse eines Felsens. Einige Meter weiter fand ich zwei andere Quellen,
und auf einem Raume von 500 Metern zählte ich im Ganzen 34. Mein Begleiter, der Albanese, behauptete, es wären
40 Quellen, und ich hätte mich um sechs verrechnet. Zur
Unterstützung seiner Behauptung führte er an, dass dieser
Ort *Kirk Giös* genannt werde, d. h. *die vierzig Augen.* Ich
untersuchte jede der vierunddreissig Quellen mit meinem
Taschenthermometer und fand überall eine Temperatur von
$17^1/_2$ Grad.

Während der Sommerhitze kommt einem das Wasser
bei $17^1/_2$ Grad sehr kühl vor, während es zur Zeit des Winters bei derselben Temperatur fast lauwarm erscheint.

Da alle diese Quellen, ausser einer, nebeneinander am
Fusse zweier Felsen entspringen, so kann zwischen ihrer
Temperatur niemals ein merklicher Unterschied gewesen
sein. Auch würde Homer, wenn er diese Quellen hätte bezeichnen wollen, nicht bloss von *zweien* gesprochen haben,
wenn es auf einem ganz kleinen Raume 34 oder 40 gab.

Alle diese Quellen bilden den Bach Bunarbaschi-Su, der
mehrere Mühlen treibt, zu welchem Zwecke man Schleusen
angebracht hat. Seine Ufer sind anfangs so niedrig, dass er
selbst im Sommer die benachbarte Ebene überschwemmt
und sie im Osten und Norden der Quellen in einen tiefen
Sumpf verwandelt.

Dieser Bach ist 1 bis 3 Meter tief und 3 bis 4 Meter
breit. Er fliesst nach Norden, parallel dem westlich von
ihm befindlichen Mendere (*Skamander*) und der Hügelkette
im Osten, in einer Ausdehnung von 7 Kilometern, und wird
alsdann durch einen künstlichen Kanal fortgeführt, der im
Nordosten der Anhöhe da beginnt, wo der Grabhügel

Udjek-Tepe liegt, und in der Nähe des Hügels *Beschika-Tepe*
ins ägeische Meer mündet.

Der Bau dieses Kanals, welcher auf eine grosse Strecke
weit in den Felsen gehauen ist, reicht offenbar in ein fernes
Alterthum zurück und erinnert in seiner kühnen und
gigantischen Ausführung an die Mauern von Mykenä und
Tiryns. Sein Hauptnutzen besteht darin, dass er einen
grossen Theil der östlichen Ebene vor beständigen Ueberschwemmungen schützt.

Es unterliegt keinem Zweifel, dass vor dem Bau dieses
Kanals der Brunabaschi-Su sich in den Skamander, nahe
der Mündung dieses Flusses, ergoss, weil sein altes Bett
noch deutlich zu sehen ist, und noch jetzt lässt er jeden
Winter einen grossen Theil seiner Gewässer durch dieses
alte Bett abfliessen. Da aber die Ufer dieses Bettes
sehr niedrig sind, so treten die Gewässer über und füllen
einen ungeheuren Sumpf bei *Yeni-Kevi* und im Norden
des künstlichen Kanals an. Ich fand diesen Sumpf fast
ausgetrocknet.

An dieser Stelle will ich noch zwei andere grosse, nie
trockene Sümpfe anführen, welche von dem *Bunarbaschi-Su*
gebildet werden. Der eine befindet sich unmittelbar vor
dem Ausfluss des letzteren in den künstlichen Kanal, während der andere, welcher zugleich von diesem Kanal gespeist wird, dicht bei seiner Mündung auf der Westseite
liegt.

Die Archäologen, welche nur von *zwei* Quellen sprechen
und über die 32 oder 38 andern schweigen, sehen in dem
Quellenbach den Skamander, und in dem grossen Flusse
Mendere, welcher die trojanische Ebene durchströmt, den
Simoïs. Dies ist jedoch ein grosser Irrthum; denn der

9

kleine Bach entspricht in keiner Weise der speciellen Beschreibung, welche uns Homer über den Skamander als
Hauptfluss der Gegend giebt.

Er wird in der Iliade hoch gefeiert: der Dichter nennt
ihn „ἐύρροος" *schön fliessend*, „δινήεις" *wirbelnd* (*Il.* XXI,
1—2); er hatte seinen eigenen Priester, der vom Volke wie
ein Gott verehrt wurde (V, 77); er wird „μέγας ποταμὸς
βαθυδίνης" *der grosse wirbelnde Fluss* genannt (XX, 73).
Ferner heisst es (XXI, 25—26):

"Ως Τρῶες ποταμοῖο κατὰ δεινοῖο ῥέεθρα
Πτῶσσον ὑπὸ κρημνούς.

„So verbergen sich die Troer in den Fluthen unter den
steilen Ufern des gewaltigen Stromes."

Andere Epitheta sind βαθύρροος, ἀργυροδίνης" *tiefströ-
mend, silberfluthig* (XXI, 8). Die Götter nennen ihn *Xan-
thos.* Er nimmt Theil an der Götterversammlung im Olymp
(XX, 40), und begiebt sich in Gesellschaft der andern
Götter auf das Schlachtfeld bei Troja (XX, 73); er ist der
Sohn des Zeus (XXI, 2); seine Ufer sind steil und hoch
(XXI, 171, 175, 200); er heisst sogar „ἠϊόεις" *von bergigen
Ufern umgeben*, ein Wort, das sonst nur vom Meere gebraucht wird (V, 36); man opferte ihm lebende Ziegen und
Stiere (XXI, 131); er verursachte grosse Ueberschwemmungen (XXI, 234—242); seine Ufer waren mit Ulmen,
Pappeln und Tamarisken bedeckt (XXI, 350—351). Die
grosse Bedeutung dieses Flusses und die hohe Verehrung,
welche die Trojaner ihm bezeigten, kennt man namentlich
auch daraus, dass Hector, die kräftigste Stütze Ilion's,
sich mit dem Skamander vergleicht und seinem Sohne

Ἀστυάναξ den Namen „Σκαμάνδριος“, Skamander - Sohn giebt (VI, 402—403).

Den Simoïs erwähnt Homer dagegen nur sieben Mal, und zwar ohne ihm ein besonderes Beiwort beizulegen, Wandich IV, 475; V, 774, 777; VI, 4; XII, 22; XX, 53; XXI, 307.

Aus alle dem ergiebt sich, dass Homers Skamander der grosse Fluss ist, welcher die Ebene von Troja durchströmt.

FUNFZEHNTES KAPITEL.

Inschrift in unbekannten Schriftzügen, welche lesbar werden, wenn
man den Stein umkehrt. — Forschungen an der angeblichen Stelle
Troja's. — Lauf des Skamander. — Der Kimar-Su. — Der Dumbrek-Su oder Simoïs. — Keine Spur von Troja auf den Anhöhen
von Bunarbaschi. — Ballidagh. — Ruinen einer kleinen Citadelle.
— Alter Steinbruch.

In mehreren Werken über die trojanische Ebene wird
eine Inschrift von fünf unbekannten Schriftzeichen erwähnt, die sich auf dem Hügel von Dede, zwischen dem
Skamander und Bunarbaschi, befindet. Man scheint derselben eine besondere Bedeutung beizulegen, da sie sich
sogar auf der Spratt'schen Karte von Troja als Vignette
befindet. Mein Verlangen, das Original zu sehen, erregte
mir den Wunsch, sie noch an demselben Abend aufzusuchen;
aber bei meiner Rückkehr von den Quellen war es Nacht
und ich musste mein Vorhaben auf den folgenden Tag verschieben.

Am Abend schlug ich mein Nachtlager auf einem kleinen Hügel jenseits Bunarbaschi auf. Bei Tagesanbruch
eilte ich zu meinem Wirth, dem Albanesen, um mich von
ihm nach dem Orte der Inschrift begleiten zu lassen. —
Lass mich noch eine Stunde schlafen, antwortete er mir mit
heiserer Stimme. — Aber meine Ungeduld wollte sich nicht
beschwichtigen lassen. Ich gebe Dir zwei Franken, wenn

Du mir die Inschrift sogleich zeigst, sagte ich zu ihm.
Diese Worte wirkten wie ein Zauber. Sofort war er reise-
fertig, und nach einer Viertelstunde langten wir am Hügel
von Dede, auf dem linken Ufer des Skamander an. In der
Einschliessungsmauer eines Denkmals, das dem Anscheine
nach sicherlich nicht alt ist, zeigte mir mein Wirth einen
Stein von 67 Centimeter Länge und 50 Centimeter Breite
mit folgender Inschrift:

Ich betrachtete den Stein einige Minuten lang mit Aufmerksamkeit und erkannte bald, dass er verkehrt eingemauert sei und die Inschrift lesbar werden würde, wenn
man sie umkehrte. Ich schrieb sie nun sorgfältig ab, kehrte
das Blatt herum und es ergab sich folgende Gestalt:

So angesehen ist nur der erste Buchstabe der rechten
Seite unbekannt. Von der Rechten zur Linken gelesen ergiebt sich, dass die drei folgenden Schriftzeichen die türkischen, arabischen und persischen Zahlen 255 sind. Das
letzte Zeichen ist die Verbindung der beiden Buchstaben
ſ und ﺥ, die türkisch-persische Conjunction ﺲ, unser *dass*.
So ist nur noch das Zeichen ⊣ übrig. Ich vermuthe, dass
es ein Versehen des Steinmetzen ist und die Zahl v (*sieben*)
bezeichnen soll.

Ist meine Deutung richtig, so ist die Inschrift folgendermassen zu lesen: „2557 dass". Unerklärt bleibt dabei, warum die erste 5 von einem Viereck eingeschlossen ist.

Ohne Zweifel hat dieser Stein einem alten türkischen Gebäude oder Denkmale mit einer längeren Inschrift angehört; die übrigen Steine, welche die Fortsetzung der Inschrift enthielten, sind verloren gegangen *).

Ich begreife nicht, wie die Zeichen dieser Inschrift jemals die Gelehrten haben in Verlegenheit setzen können, und dass Niemand auf den Gedanken gekommen ist, der Stein könne verkehrt eingemauert sein.

Wir kehrten nach Bunarbaschi zurück. Mein Wirth gab mir das ausbedungene Brod, und da mein Führer mit dem Pferde zur Hand war, machte ich mich sogleich auf, um in ihrer ganzen Ausdehnung die Gegend zu durchforschen, welche man mit Unrecht für die Stelle des alten Troja hält. Ich glaubte meinen Zweck nicht besser erreichen zu können, als wenn ich denselben Weg einschlüge, auf welchem Achilleus und Hektor nach Homers Angabe dreimal um die Stadt gelaufen sind (*Il.* XXII, 143—148 und 157—166).

Wenn die Quellen am Fusse des Hügels von Bunarbaschi wirklich diejenigen wären, von welchen Homer spricht (XXII, 147—155), was ich indess nicht zugeben

---

*) Mein gelehrter Freund Ernst Renan ist der Ansicht, dass das Wort ﻙﺱ nur schlecht ausgehauen ist, und ﺳﻨﻪ (Jahr) bedeuten soll. Ferner hält er das Zeichen ⌐ nicht für 2, sondern 3 oder 4, wogegen ﻥ gar keine Bedeutung habe. In diesem Falle würde die Inschrift besagen: „Jahr 355 oder 455", nämlich der Hedschra. Da dreiunddreissig muhamedanische Mondjahre zweiunddreissig christlichen Jahren gleich sind, so würde die Inschrift aus dem Jahre 966 unserer Zeitrechnung datiren, wenn der Schriftzug ⌐ eine 3, und aus dem Jahre 1063, wenn er eine 4 ist.

kann, so wäre es sehr leicht, den Umfang Troja's und den
Weg, den beide Helden nahmen, zu finden.

Homers Angaben sind folgende:

Apollo hatte die Gestalt des Agenor angenommen und
den Achilleus an das Ufer des Skamander gelockt (XXI,
600—605), zwei Kilometer von den beiden Quellen. Hektor
blieb vor dem skäischen Thore (XXII, 5—6):

"Εκτορα δ' αὐτοῦ μεῖναι ὀλοὴ Μοῖρ' ἐπέδησεν,
'Ιλίου προπάροιθε, πυλάων τε Σκαιάων.

„Die todbringende Parze fesselt den Hektor und hält
ihn vor Ilion und dem skäischen Thore fest."

Achilleus geht vom Skamander nach der Stadt (XXII,
21—24):

"Ὣς εἰπών, προτὶ ἄστυ μέγα φρονέων ἐβεβήκει,
Σευάμενος ὥσθ' ἵππος ἀεθλοφόρος σὺν ὄχεσφιν,
"Ος ῥά τε ῥεῖα θέῃσι τιταινόμενοσ πεδίοιο.
"Ὣς 'Αχιλεὺς λαιψηρὰ πόδας καὶ γούνατ' ἐνώμα.

„Sprach's und eilte zur Stadt hin, voll edlen Stolzes, mit
der Schnelligkeit eines Renners, der den Wagen in den
Kampfspielen zieht und leicht den Schritt in der Ebene
verlängert; so bewegte Achilleus schnell die Füsse und
Kniee."

Vor dem skäischen Thore trifft er Hektor, der von
Furcht ergriffen flieht (XXII, 136—137):

"Εκτορα δ' ὡς ἐνόησεν, ἕλε τρόμος· οὐδ' ἄρ' ἔτ' ἔτλη
Αὖθι μένειν, ὀπίσω δὲ πύλας λίπε, βῆ δὲ φοβηθείς.

„Als Hektor ihn sah, wurde er von Furcht ergriffen; er
wagte es nicht länger stehen zu bleiben; er liess das Thor
hinter sich und entfloh."

Hektor flieht von Achilleus verfolgt; sie kommen an der
Warte und dem Feigenhügel vorbei, und indem sie immer
auf dem Fahrwege längs der Mauer laufen, erreichen sie
die beiden Quellen (XXII, 145—148):

> Οἱ δὲ παρὰ σκοπιὴν καὶ ἐρινεὸν ἠνεμόεντα
> Τείχεος αἰὲν ὑπὲκ κατ᾽ ἀμαξιτὸν ἐσσεύοντο
> Κρουνὼ δ᾽ ἵκανον καλλιρρόω, ἔνθα δὲ πηγαὶ
> Δοιαὶ ἀναΐσσουσι Σκαμάνδρου δινήεντος.

„Sie kamen bei ihrem Laufe auf der Fahrstrasse
an der Warte und dem wehenden Feigenhügel vorbei,
und erreichten die beiden klaren Brunnen, aus welchen
die beiden Quellen des wirbelreichen Skamander hervorsprudeln."

An diesen beiden Quellen eilten sie vorüber (XXII,
157):

> Τῇ ῥα παραδραμέτην, φεύγων, ὁ δ᾽ ὄπισθε διώκων.

„Sie eilten an ihnen vorüber, der eine fliehend, der andere verfolgend."

So laufen sie dreimal um die Stadt Troja (155—156):

> Ὣς τὼ τρὶς Πριάμοιο πόλιν περὶ δινηθήτην
> Καρπαλίμοισι πόδεσσι   θεοὶ δέ τε πάντες ὁρῶντο.

„So laufen sie mit ihren schnellen Füssen dreimal um
die Stadt des Priamus; alle Götter schauen zu."

Mehrere Erklärer Homers nehmen die Präposition „περί"
(um) an dieser Stelle in der Bedeutung von „παρά" (bei),
und sprechen die Ansicht aus, der Lauf der beiden Helden
habe dreimal längs der Mauer von Troja, zwischen den
beiden Quellen und dem Skamander, stattgefunden. Diese
Erklärung ist jedoch hier ganz unzulässig, denn Homer
sagt ausdrücklich, dass sie über die beiden Quellen hinaus
gelaufen sind.

Auch Strabo hat die angeführten Verse in demselben
Sinne aufgefasst. Wo er von Neu-Ilium spricht (XIII, 1
S. 9 der Tauchnitzer Ausgabe), finden sich folgende Worte:
„Οὐδ' ἡ τοῦ Ἕκτορος δὲ περιδρομὴ ἡ περὶ τὴν πόλιν ἔχει τι
εὔλογον, οὐ γάρ ἐστι περίδρομος ἡ νῦν, διὰ τὴν συνεχῆ ῥάχιν ἡ
δὲ παλαιὰ ἔχει περιδρομήν." „Der Lauf Hektors um die Stadt
Neu-Ilium ist durchaus nicht wahrscheinlich, weil man wegen des fortlaufenden Höhenzuges nicht um die Stadt laufen
kann, während man um die alte Stadt allerdings herum
laufen konnte."

Zuerst begab ich mich an den Skamander, als den
Hauptfluss, von wo ich, längs des Bunarbaschi-Hügels, in
gerader Richtung bis zu den Quellen ging, indem ich immer
in westlicher Richtung denselben Weg verfolgte, den
Achilleus nothwendiger Weise durchlaufen musste, um
Hektor vor dem skäischen Thore zu treffen. An den
Quellen angekommen, wandte ich mich nach Südosten, indem ich einer Erdspalte folgte, die sich zwischen Bunarbaschi und dem anstossenden Felsen hinzieht. Wenn nämlich Troja überhaupt auf diesen Höhen gestanden hat, so
scheint die Lage seiner Mauern durch die Localität genau
bestimmt zu sein.

Nach einem einstündigen sehr beschwerlichen Marsche

kam ich auf der Südwestseite des Hügels, auf welchem man
Pergamus wiedergefunden zu haben glaubt, an einen jähen
Abhang von ungefähr 150 Meter Höhe, welchen die beiden
Helden hinabsteigen mussten, um zum Skamander zu gelangen und die Runde um die Stadt zu machen. Ich liess
meinen Führer und das Pferd auf der Höhe und stieg den
Abgrund hinunter, welcher anfangs unter einem Winkel
von ungefähr 15° und weiterhin 65° abfällt, sodass ich gezwungen war, auf allen Vieren rückwärts zu kriechen. Ich
gebrauchte fast eine Viertelstunde, um hinunterzukommen,
und habe dadurch die Ueberzeugung gewonnen, dass kein
sterbliches Wesen, nicht einmal eine Ziege, in eilendem
Laufe einen Abhang hat hinunterkommen können, der unter einem Winkel von 65° abfällt, und dass Homer, der in
seiner Ortsbestimmung so genau ist, gar nicht daran gedacht hat, dass Hektor und Achilleus bei ihrem Rundlaufe
um die Stadt dreimal diesen Abhang hinuntergelaufen
seien, was absolut unmöglich ist.

Ich ging nun am Ufer des Skamander, des jetzigen
Mendere, weiter, indem ich immer demselben Wege folgte,
welchen die Helden dreimal hätten durchlaufen müssen.

Die Höhen von Bunarbaschi, auf welche man das alte
Troja verlegt, fallen fast senkrecht in den Fluss ab, und
das linke Ufer hat eine so geringe Breite, dass der Raum
durch den schmalen Fusssteig oft ganz angefüllt ist. Die
Breite des Flussbettes beträgt je nach den örtlichen Verhältnissen 70 bis 100 Meter. Der Fluss hat im August eine
nur schwache Strömung von 10 bis 16 Meter Breite und
30 bis 80 Centimeter Tiefe; aber seine steilen Ufer von 3
bis 4 Meter Höhe und die zahlreichen entwurzelten Bäume,
welche an den Krümmungen der Ufer und an kleinen im

Flussbette befindlichen Inseln das Wasser stauen, bezeugen den grossen Ungestüm seines Laufes im Winter und Frühling und die häufigen Ueberschwemmungen.

Der Skamander kommt vom Ida herab, wie Homer richtig bemerkt (*Il.* XII, 19—22); sein sehr gewundener Lauf würde in gerader Linie 64 Kilometer lang sein.

Er fliesst zuerst durch eine landeinwärts liegende grosse Ebene, dann durchbricht er in einem engen Thale die niedrigeren Höhen des Ida-Gebirges und durchströmt die Ebene von Troja; sein Wasser setzt nie aus in Folge der zahlreichen Bäche und Quellen, welche sich in ihn ergiessen.

Früher floss der Skamander mehr östlich in der Ebene und vereinigte sich mit dem Simoïs, der jetzt Dumbrek-Su genannt wird, 1700 Meter nordwestlich von Hissarlik (*Neu-Ilium*). Das alte Bett und die ehemalige Verbindung mit dem andern Flusse ist noch deutlich zu sehen. Während des Winters fliesst durch das alte Bett das überschüssige Wasser ab.

Bei seinem Eintritt in die Ebene von Troja nimmt der Skamander den *Kimar-Su* auf. Kimar ist eine Verdrehung des griechischen Wortes „καμάρα" (*Gewölbe*). Er hat diesen Namen von einer grossen, 18 Meter breiten, auf Bogen ruhenden Wasserleitung, welche 10 Kilometer oberhalb seiner Vereinigung mit dem Skamander in einer Höhe von 30 Meter über ihn hinwegführt.

Zu meinem Erstaunen ersehe ich aus einem Werke über die Ebene von Troja, welches im vorigen Jahre in Paris erschienen ist, dass der Verfasser desselben, Nicolaïdes, diesen Fluss für den Simoïs hält. Ich hoffe klare Beweise dafür liefern zu können, dass der Simoïs kein andrer Fluss als

der Dumbrek-Su sein kann, den ich auf mehreren Karten
unter dem Namen Thymbrius verzeichnet finde. Er entspringt in den östlichen Hügeln, in der Nähe des Dorfes
Rinkoï, durchfliesst die Ebene und nimmt bei Hissarlik
(*Neu-Ilium*) plötzlich eine andere Richtung nach dem Vorgebirge Rhöteum, wo er sich ins Meer ergiesst. Von dem
Puncte an, wo er sich nach Norden wendet, wird er In-
Tepe-Asmak genannt. Den Namen Dumbrek-Su hat er
von dem Dorfe Dumbrek, welches an seinem Ufer am Ende
des schönen Thales liegt, das sich von Westen nach Osten
zwischen zwei Gebirgsketten ausdehnt, von denen die eine
im Norden *In-Tepe,* die andere im Süden *Chiblak* genannt
wird.

Der Skamander ist der einzige Abfluss für die von den
Ida-Bergen herabkommenden Gewässer während der Regen-
zeit, und steigt sogleich beim Eintritt derselben. Da der
anhaltende Regen schnell die unterirdischen Kanäle der
Berge und die Quellen anfüllt, so schwillt der Fluss rasch
an, überschwemmt die grosse Ebene zwischen den Bergen
und stürzt sich mit solchem Ungestüm in das enge Thal
zwischen Ene und Bunarbaschi, dass er vom Monat August
an bis zu einer Höhe von 9 bis 12 Meter über sein Niveau
steigt. Man sieht das deutlich an den Gräsern, welche an
den Ufern und Bäumen hängen bleiben.

Die gelbliche Farbe seines Sandes wird wohl die Ver-
anlassung gewesen sein, dass die Götter ihm den Namen
Xanthos gaben (*Il.* XX, 40).

Ueberall wo es die natürliche Beschaffenheit des Bodens
zulässt, sind seine Ufer in derselben Weise mit üppiger
Vegetation von Weiden, Tamarisken, Lotos, Binsen und

Cypergras bedeckt, wie zur Zeit des trojanischen Krieges
(*Il.* XXI, 350—352):

Καίοντο πτελέαι τε καὶ ἰτέαι ἠδὲ μυρῖκαι,
Καίετο δὲ λωτός τ᾽ ἠδὲ θρύον ἠδὲ κύπειρον,
Τὰ περὶ καλὰ ῥέεθρα ἅλις ποταμοῖο πεφύκει.

„Da brannten die Ulmen, die Weiden, die Tamarisken,
der Lotos, die Binsen, das Cypergras, welche reichlich an
den Ufern des Flusses wuchsen."

Man hält das Wasser des Skamander für der Gesund-
heit sehr zuträglich; deshalb ziehen es die Einwohner
dem Brunnenwasser vor und kommen weit her, um es zu
schöpfen.

Nach einem dreiviertelstündigen Marsche längs des Flusses kam ich wieder an die Stelle, von wo ich ausgegangen
war und von wo nothwendiger Weise Achilleus ausgehen
musste, wenn er geradeaus längs der Mauern von Troja
nach dem skäischen Thore hin lief. Ich hatte im Ganzen
zwei Stunden gebraucht, um den Platz im Kreise zu um-
gehen, den man dem alten Troja anweist.

Nun nahm ich meine Richtung wiederum nach Ballidagh
hin (so wird der südöstliche Theil der Höhen von Bunarbaschi genannt), indem ich die Troja angewiesene Stelle
von Norden nach Süden durchwanderte. Obwohl ich aufmerksam nach allen Seiten blickte, ob sich nicht ein be-
hauener Stein, eine Scherbe oder irgend ein Anzeichen
finde, das auf eine frühere Stadt hinweise, war doch alle meine
Mühe umsonst — nicht die geringste Spur menschlicher
Thätigkeit.

Mykenä und Tiryns sind bereits vor 2335 Jahren zerstört worden, und dennoch sind die vorhandenen Ruinen dieser Städte von solcher Beschaffenheit, dass sie wohl noch 10000 Jahre dauern können und dann immer noch die allgemeine Bewunderung erregen werden. Man braucht an der Stelle von Mykenä und Tiryns gar nicht eigentlich zu graben, sondern nur die Oberfläche des Bodens zu untersuchen, so findet man Unmassen von Scherben, und nach Verlauf von 10000 Jahren wird man ebensolche Scherben finden, weil dieselben in der Erde keine andere Gestalt annehmen.

Troja ist nur 722 Jahre früher als diese Städte zerstört worden; wenn es daher wirklich auf der Stelle, welche man ihm auf den Höhen von Bunarbaschi anweist, existirt hätte, so würde man dort gewiss noch heute in gleicher Weise Ruinen finden, wie in Mykenä und Tiryns; denn die cyklopischen Bauwerke verschwinden nicht spurlos, und Trümmer von Ziegeln und Töpferwaaren findet man überall, wo menschliche Wohnungen gestanden haben.

Wenn man selbst den unmöglichen Fall annimmt, dass die Trojaner weder Töpferwaaren noch Ziegel gehabt haben, dass sie hölzerne Häuser bewohnten und dass die Steine ihrer Mauern in Staub zerfallen sind, so würde man doch wenigstens Spuren der Strassen auf den Felsen finden, welche den grössten Theil des Terrains von Bunarbaschi bedecken, das man für Troja ausgiebt. Aber das wilde Aussehen dieser Felsen, ihre ausserordentlichen Unebenheiten und der gänzliche Mangel einer geebneten Oberfläche geben den deutlichen Beweis, dass sie niemals eine menschliche Wohnung getragen haben.

Da indess die Ansicht von der Lage Troja's auf den

Höhen von Bunarbaschi neue und immer wieder neue Vertheidiger findet, welche blind daran wie an ein Dogma
glauben und mit voller Zuversicht davon sprechen, so hielt
ich es im Interesse der Wissenschaft für meine Pflicht, an
einigen Stellen Ausgrabungen zu veranstalten. Indess der
Tag war schon zu weit vorgerückt; es war bereits zwei Uhr
Nachmittags, als ich meinen Führer wieder erreichte; ich
verschob daher die Ausgrabungen auf den folgenden Tag
und wandte die übrige Zeit des Tages dazu an, das Plateau
von Ballidagh, 3 Kilometer südöstlich von Bunarbaschi, zu
erforschen.

Dieses Plateau endigt in einer Anhöhe von zehn Metern, welche sich 157 Meter über dem Meeresspiegel befindet
und ein anderes kleines, wenig unebenes Plateau von
190 Meter Länge bildet, dessen grösste Breite von Norden
nach Süden kaum 100 Meter beträgt.

Der Consul Hahn hat mit dem Architecten Zeller im
Jahre 1865 auf dieser Anhöhe Ausgrabungen veranstaltet, und fast den ganzen Umfang einer kleinen Citadelle zu
Tage gefördert, deren Mauern das Gepräge eines sehr fernen Alterthums an sich tragen, aber von verschiedener Bauart sind. Die eine Mauer ist aus vieleckigen, leichtbehaue-
nen Steinen errichtet, von derselben Art wie in Mykenä,
aber viel kleiner; eine andere besteht aus prachtvoll behauenen und gut über einander geschichteten Steinen; eine
dritte aus Steinen von unregelmässiger Form, die aber in
bewundernswerther Weise aneinander gefügt sind; eine
vierte aus Steinen, deren vier Seiten einen vollkommenen
Würfel bilden, während ihre Aussenseite plump behauen
ist; eine fünfte ist unter einem Winkel von 45° geneigt und aus Bruchsteinen erbaut; eine sechste hat eine

ebensolche Neigung, besteht aber aus kleinen unbehauenen Steinen.

Man hat ein einziges kleines Eingangsthor auf der Nordseite von nur 1 Meter Breite entdeckt.

Das Plateau der Festung ist mit einer grossen Menge Fundamente kleiner Häuser bedeckt. Da diese Fundamente mit kleinen Steinen wie übersäet sind, so dürfen wir wohl annehmen, dass die Häuser aus diesen Steinen und Erde errichtet waren.

Nur auf der Westseite hat Consul Hahn einige alte Gebäude entdeckt, von denen das merkwürdigste von 7 Meter Länge bei gleicher Breite ist und augenscheinlich auf der Südseite mit einem andern Gebäude in Verbindung gestanden hat; zwei kleine, dort gefundene Säulen lassen vermuthen, dass es ein kleiner Tempel gewesen ist.

Unmittelbar unter der Citadelle, am Ende des kleinen Hügels, findet man im Felsen eine 7 Meter tiefe Höhlung von elliptischer Form, deren grösster Durchmesser 15 Meter beträgt. Diese Höhlung ist jedenfalls der Steinbruch, welcher das Material zum Bau der kleinen Festung geliefert hat.

Die Felsen von Ballidagh bestehen aus Basaltstein.

SECHZEHNTES KAPITEL.

Die drei Grabhügel. — Falsches Grab Hektors. — Baustelle einer
kleinen Stadt, die nicht Troja gewesen sein kann. — Gergis. —
Skamandria. — Mahl und Libationen am Skamander. — Eine
Regennacht an den Quellen. — Ausgrabungen auf den Höhen von
Bunarbaschi, ohne die geringste Spur menschlicher Wohnungen
— Unmöglichkeit, den Abstand zwischen Bunarbaschi und dem
Meere mit den Ereignissen der Iliade zu vereinigen.

Auf dem Plateau sieht man der Citadelle gegenüber
drei Grabhügel, von denen der eine, *Grab des Hektor* genannt, 6 Meter Höhe und 32 Meter im Durchmesser an
seiner Grundfläche hat; er wird von kleinen, ohne Ordnung
und Symmetrie zusammengeworfenen Steinen gebildet.

Ich werde später auf das Grab Hektors zurückkommen
und glaube beweisen zu können, dass es nach dem im
ganzen Alterthume verbreiteten Glauben an den Ufern
des Simois gelegen haben muss, bei dem alten Flecken
Ophrynium, zwischen Rhöteum und dem jetzigen Dorfe
Aren-Köi.

Der zweite Grabhügel, *Grab des Priamus* genannt, hat
4 Meter Höhe und 44 Meter im Durchmesser. Er ist von
dem gelehrten Frank Calvert (von den Dardanellen) aufgegraben worden, der im Innern einen viereckigen Bau von

10

4 Meter 67 Centimeter Breite bei 4 Meter Höhe gefunden hat, welcher aus grossen, nur an der Aussenseite plump behauenen und ohne Cement übereinander geschichteten Steinen besteht.

Dieser Bau, den man einer viereckigen Röhre vergleichen könnte, war mit kleinen Steinen angefüllt, und ausser einigen Topfscherben hat Frank Calvert auch nicht das geringste Anzeichen gefunden, dass er jemals als Begräbniss gedient habe. Er glaubt daher, der Hügel sei aufgeworfen worden, um als Grundlage für einen Altar oder eine kleine Kapelle zu dienen.

Der dritte Hügel hat an der Grundfläche 30 Meter im Durchmesser und nur zwei Meter Höhe; er besteht aus einem Gemisch von Erde und Steinen und ist noch nicht aufgegraben worden.

Die zur Errichtung dieser „Grabhügel" angewandten Steine scheinen dem Felsen selbst entnommen zu sein, auf dem sie sich befinden. Neben jedem sieht man eine künstliche Grube, und neben dem sogenannten *Grabe Hektors* kreisförmige Fundamente von demselben Durchmesser wie der Hügel. Wahrscheinlich waren diese Fundamente zur Errichtung ähnlicher Grabhügel bestimmt.

Zwischen diesem letzten Grabhügel und der Citadelle ist ein ebener Platz von 288 Meter Länge bei 100 bis 150 Meter Breite, der mit Trümmern von Töpferwaaren und Ziegeln dicht bedeckt ist. Hie und da sieht man die Ruinen von ganz kleinen Häusern; es sind Fundamente aus Bruchsteinen von 33 Centimeter Länge bei 17 Centimeter Breite. Diese Häuser waren, wie man sieht, aus Erde und Steinen gebaut. Auch finden sich hier Reste von

Mauern, die aus grossen Steinblöcken zusammengesetzt
waren.

Sicherlich haben wir hier die Stelle einer alten Stadt, deren Citadelle die anstossende kleine Festung war. Aber der
Raum ist so beschränkt, dass die Bevölkerung dieser Stadt
unmöglich die Anzahl von 2000 Einwohnern überstiegen
haben kann; es wäre also ganz verkehrt, an dieser Stelle die
grosse Stadt Troja zu suchen, welche den Griechen 10,000
ihrer eigenen Söhne als Streiter entgegenstellen konnte,
deren Bevölkerung folglich sich mindestens auf 50,000 Seelen belaufen haben muss.

Diese annähernde Zahl von Streitern findet sich in der
Rede Agamemnons (*Il.* II, 123—130), wo er sagt: Wenn
die griechische Armee in Zehntel getheilt würde und jedes
Zehntel einen trojanischen Krieger zum Mundschenken
bekäme, so würden mehrere Zehntel keinen Mundschenken
haben. Die griechische Armee wird auf 100,000 Mann ge-
schätzt.

Wenn die angeführten Beweise noch immer nicht ge-
nügen sollten, um zu zeigen, dass Troja niemals auf den
Höhen von Bunarbaschi gestanden haben kann, so will ich
noch anführen, dass man weder von der Citadelle noch von
irgend einem andern Orte der Stelle, welche man der alten
Stadt anweist, den Ida sehen kann, was mit Homer (*Il.* VIII,
47—52) in Widerspruch steht, wo Jupiter vom Gipfel des
Ida die Stadt Troja überschaut.

Ferner könnte ich noch folgende einzelne Punkte anführen: In Pergamus befand sich der Palast des Priamus
mit funfzig Zimmern für seine Söhne und zwölf Zimmern
in einem obern Stockwerke für seine Töchter (*Il.* VI, 242—
250); vor der Thür jenes Palastes fand die Versammlung

der Trojaner statt (VII, 345—346); in der Citadelle befanden sich auch die Paläste und der Hof des Hektor und des
Paris (VI, 313—317, 370); in Pergamus waren Tempel der
Minerva (VI, 88, 297) und des Apollo (V, 446; VI, 21).
Hektor opferte in der Festung dem Jupiter, und deshalb
war hier jedenfalls auch ein Tempel dieses Gottes (XXII,
170—172). Pergamus muss ein sehr grosses Thor gehabt
haben, denn man zog das berühmte hölzerne Pferd hindurch
in die Stadt (*Od.* VIII, 504).

Aus diesen Stellen geht deutlich hervor, dass Homer
auf keinen Fall die kleine Festung auf den Höhen von
Bunarbaschi mit ihrem nur 1 Meter breiten Thore gemeint
haben kann. In der That ist diese Festung und die Ausdehnung der am Fusse derselben gelegen gewesenen Stadt
so klein und unbedeutend, dass ich selbst dem gelehrten
Calvert nicht beistimmen kann, der darin Gergis zu erkennen glaubt; denn diese alte von den Nachkommen der
Teukrer bewohnte Stadt (*Herodot* V, 122) war eine der
stärksten Festungen der dardanischen Prinzessin Mania,
die dort ihre Schatzkammer hatte (*Xen. Hell.* III, 1 §. 15).

Ausserdem zog Xerxes, als er Ilium verliess, nach der
Angabe Herodots (VII, 43) durch das von den Bergen In-
Tepe im Norden und Chiblak im Süden begrenzte Thal;
denn er liess die Städte Rhöteum, Ophrynium und Darda-
num, das an Abydos grenzt, zur Linken und die Teukrer
von Gergis zur Rechten liegen.

Nach meiner Meinung hat man daher die Stadt Gergis
auf den Höhen von Chiblak, ungefähr dem Dorfe *Halil Eli*
gegenüber zu suchen, wo zahlreiche Scherben und einige
Mauerreste beweisen, dass hier einst eine Stadt gestanden hat.

Nach Livius (XXXVIII, 39) haben die Römer nach der
Besiegung des Antiochus Rhöteum und Gergithus mit dem
Gebiete von Neu-Ilium vereinigt.

Wenn ich meine Vermuthung aussprechen darf, so
möchte ich die Ansicht aufstellen, dass die kleine Stadt
Skamandria, deren geographische Lage man noch nicht hat
bestimmen können, hierher zu verlegen sei.

Plinius (V, 33) führt Skamandria unter den Städten auf,
welche man in der Ebene von Troja sieht, wenn man an
Bord eines Schiffes der Küste folgt, und er scheint sich
darüber zu wundern, dass Skamandria noch vorhanden
war. Er sagt nämlich: „*Est tamen et nunc Scamandria civi-
tas parva.*" Skamandria's Name scheint auf seine Lage am
Skamander hinzudeuten. Ausserdem ersieht man (wie Mauduit anführt) aus einer Stelle des Geschichtswerkes der
Anna Comnena, dass Skamandria eine halbe Tagereise von
Abydos und auf der Landstrasse von Abydos nach Adra-
myttium lag, was vollkommen mit der Lage der Ruinen der
kleinen Stadt auf den Höhen von Ballidagh übereinstimmt.
Ich glaube noch erwähnen zu müssen, dass im Museum des
Louvre unter den Nummern 546 und 607 zwei Marmor-
tafeln vorhanden sind, auf welchen ein Friedensvertrag
zwischen den Einwohnern von Neu-Ilium und denen von
Skamandria eingegraben ist, kraft dessen die beiden Städte
sich verpflichten, gegen ihre gemeinsamen Feinde sich
gegenseitig zu schützen. Diese Tafeln sind von Dubois
aufgefunden und dem Museum des Louvre geschenkt
worden.

Erst um 5 Uhr Abends verliess ich die kleine Citadelle,
und nachdem ich wiederum von Süden nach Norden den
ganzen Raum, welchen man für die Stelle des alten Troja

hält, durchwandert hatte, stieg ich zum Skamander hinab
und nahm mein Abendbrod ein, das nur in Gerstenbrod und
Flusswasser bestand. Das Brod war durch die Hitze so
trocken geworden, dass ich es nicht brechen konnte; ich
legte es eine Viertelstunde ins Wasser, wodurch es weich
wurde wie Kuchen. Ich ass mit Vergnügen und trank dazu
aus dem Flusse. Das Trinken war jedoch beschwerlich; ich
hatte keinen Becher und musste mich jedesmal über den
Fluss neigen, wobei ich mich auf die Arme stützte, welche
bis zu den Ellenbogen in den Morast einsanken. Aber doch
war es eine grosse Freude für mich, das Wasser des Skamander zu trinken, und ich dachte lebhaft daran, wie tausend Andere sich bereitwillig noch weit grösseren Beschwerden unterwerfen würden, um diesen göttlichen Fluss zu
sehen und sein Wasser zu kosten.

Nach Beendigung meiner Mahlzeit ging ich nach Bunarbaschi und miethete fünf Arbeiter nebst Hauen, Hacken
und Körben, um am folgenden Tage Ausgrabungen zu veranstalten. Dann legte ich mich auf dem Felsen zur Ruhe,
an dessen Fusse die zahlreichen Quellen hervorsprudeln.
Ich wählte diesen Ort nicht deshalb, damit die Schatten der
schönen Trojanerinnen mir erscheinen sollten, welche ihre
Wäsche in den beiden Homerischen Quellen wuschen, sondern um vor den Schlangen gesichert zu sein, die mich
während der vergangenen Nacht in Furcht gesetzt hatten.
Gegen Mitternacht wurde ich durch einen Platzregen aus
dem Schlafe aufgeschreckt; da ich aber nicht wusste, wohin
ich mich wenden sollte, um Schutz zu suchen, so zog ich
meinen Rock aus und bedeckte mit ihm Kopf und Brust.
Meine Müdigkeit war indess so gross, dass ich sogleich
wieder einschlief und erst am Morgen erwachte.

Es musste die ganze Nacht hindurch geregnet haben,
weil ich bis auf die Haut durchnässt war. Ich kehrte nach
Bunarbaschi zurück in der Absicht, trockene Kleider, die
ich in meiner Reisetasche hatte, anzuziehen; aber die Unsauberkeit im Hause des Albanesen war so gross, dass ich
es nicht wagte, meine Kleider dort zum Trocknen aufzu-
hängen, da ich befürchten musste, sie würden voll Ungeziefer werden. Ich behielt daher meine nassen Kleider an,
um sie an der Sonne trocknen zu lassen.

Mein Führer mit dem Pferde und die fünf Arbeiter mit
ihren Werkzeugen erwarteten mich bereits. Ich liess mir
von meinem Wirth das ausbedungene Brod für diesen Tag
geben, that es in den am Σαγμάριον hängenden Sack und
machte mich auf den Weg.

Alsbald begannen wir unsere Ausgrabungen im Südosten von Bunarbaschi. Nachdem wir, die fünf Arbeiter,
mein Führer und ich, uns in einer Linie von ungefähr hundert Metern staffelförmig aufgestellt hatten, untersuchten
wir den Grund und Boden, indem wir Löcher gruben, um
Gräben zu ziehen, falls wir Ruinen alter Gebäude oder
auch nur Scherben finden sollten.

Gewöhnlich veranstaltet man Ausgrabungen an solchen
Stellen, welche die Aussicht auf Alterthümer versprechen.
Obwohl ich nun die vollste und festeste Ueberzeugung
hatte, dass hier sicherlich nichts derartiges zu finden sei, so
übernahm ich doch gern die Kosten und ertrug mit Freuden
die unsäglichen Beschwerden, welche mit den Ausgrabungen
verbunden sind, und wahrlich ich hätte nicht eifriger sein
können, wenn mich die Gewissheit, archäologische Schätze
zu finden, angetrieben hätte.

Ich hatte nur das uneigennützige Ziel im Auge, den thörichten und irrthümlichen Glauben mit der Wurrel aus-zurotten, dass Troja auf den Höhen von Bunarbaschi ge-legen habe. Eine Schaufel nebst Hacke und Korb hatte ich für mich bestimmt und arbeitete trotz der drückenden Hitze mit demselben Eifer wie der beste meiner Arbeiter.

Fast überall drangen wir bei einer Tiefe von 60 Centi-meter bis 1 Meter in den Felsen ein; aber nirgends zeigten sich auch nur die kleinsten Spuren von Ziegeln oder Töpfer-waaren, nirgends das geringste Anzeichen, dass der Ort jemals von Menschen bewohnt gewesen sei. Trotzdem ar-beiteten wir rüstig in östlicher Richtung bis zum Skamander weiter und setzten unsere Ausgrabungen auch noch wäh-rend des ganzen folgenden Tages fort, indem wir uns nach Norden bis zu den Felsen von Ballidagh wandten, aber ohne jeglichen Erfolg, und ich kann jetzt mit einem Eide bekräf-tigen, dass hier niemals eine Stadt existirt hat.

Es ist in der That unbegreiflich, wie man jemals die Höhen von Bunarbaschi hat für die Stelle Troja's halten können. Man kann es nicht anders als mit der Annahme erklären, dass die Reisenden mit vorgefassten Meinungen, welche sie sozusagen blind machen, hierher kommen; denn bei klarem und uneingenommenem Blicke würden sie so-fort erkennen, dass es rein unmöglich ist, die Lage dieser Höhen mit den Angaben der Iliade in Uebereinstimmung zu bringen.

Die Entfernung von den Höhen von Bunarbaschi bis zum griechischen Lager am Vorgebirge Sigeum beträgt 14 Kilo-meter, während alle Kämpfe und alle Hin- und Herzüge in der Iliade zu der Annahme berechtigen, dass die Entfernung

von der Stadt bis zum griechischen Lager kaum 5 Kilometer
betragen könnte.

Betrachten wir z. B. die erste Schlacht.

In der Nacht befiehlt Jupiter dem Gott der Träume, sich
zu Agamemnon zu begeben und ihn aufzufordern, die Griechen zu bewaffnen, indem er ihm zugleich verspricht, dass
sie Troja am nächsten Tage einnehmen werden (*Il.* II, 8—
15). Bei Tagesanbruch versammelt Agamemnon die Griechen, erzählt den Anführern seinen Traum, und um ihre
Gesinnungen zu prüfen, schlägt er ihnen vor, ins Vaterland
zurückkehren zu wollen (II, 48—140). Die Truppen zer-
streuen sich unter lautem Geschrei nach den Schiffen und
beginnen sie flott zu machen (II, 142—154). Ulysses hält
die Truppen zurück und überredet sie zu bleiben (II, 182—
210). Hierauf folgen lange Reden zwischen Ulysses, Nestor
und Agamemnon (II, 284—393). Man fasst den Entschluss
zu bleiben. Die Krieger gehen ins Lager, bereiten ihr
Morgenmahl und essen (II, 394—401). Agamemnon opfert
dem Jupiter einen feisten Stier und versammelt die Anführer,
um an dieser Ceremonie theilzunehmen (II, 402—433).
Nestor hält abermals eine Rede. Dann lässt Agamemnon
die Truppen in Schlachtordnung auftreten (II, 441—454).
Die Truppen ordnen sich zum Kampfe vor dem Lager in
der Skamanderebene (II, 464—465).

Von diesen Vorgängen werden die Trojaner durch Iris
unterrichtet; sie bewaffnen sich, öffnen die Stadtthore und
stürzen mit lautem Geschrei hinaus (II, 786—810; III,
1—9). Die beiden Heere stossen in der Ebene aufeinander
(III, 15). Aber die Ebene konnte nicht gross sein, denn
vom skäischen Thore aus erkennt Helena die griechischen
Heerführer und nennt dem Priamus ihre Namen (III, 166—

235). Das griechische Heer konnte nicht weiter als ein Kilometer entfernt sein; denn um Menschen auf solche Entfernung erkennen zu können, muss man sehr gute Augen haben.

Paris fordert den Menelaus zum Zweikampf auf; Hektor hält eine Rede, ebenso Menelaus (III, 67—75, 86—94, 97—110). Hektor schickt Herolde nach Troja, um lebende Lämmer zu holen, Agamemnon zu gleichem Zwecke den Talthybius ins griechische Lager (III, 116—120). Da das griechische Lager höchstens ein Kilometer vom skäischen Thore entfernt sein konnte, so musste es wenigstens 13 Kilometer vom Lager stehen, wenn Troja auf den Höhen von Bunarbaschi lag, und Talthybius würde unter 6 Stunden nicht haben wiederkommen können. Aber er ist so kurze Zeit fort, dass Homer eine Zeit gar nicht angiebt. Talthybius kann also nur eine kurze Strecke zu durchlaufen gehabt haben.

Man opfert und schwört feierliche Eide (III, 268—301); der Zweikampf geht vor sich. Paris wird von Menelaus besiegt und von Venus entführt (III, 355—382); Pandoros verwundet den Menelaus mit einem Pfeilschuss (IV, 104—140); langes Gespräch zwischen Agamemnon und Menelaus (155—191). Machaon der Heilkünstler wird herbeigerufen und verbindet die Wunde (208—219).

Agamemnon hält zahlreiche Reden, um die griechischen Heerführer anzufeuern. Endlich werden die beiden Heere handgemein.

Minerva führt den ungestümen Mars aus dem Schlachtgetümmel und setzt ihn am Ufer des Skamander nieder (V, 35—36). Die Trojaner werden bis an die Mauern von Troja zurückgeworfen (V, 37). Apollo und Mars feuern sie

zum Kampfe an (V, 460—470); während des Kampfes
schickt man fortwährend die Verwundeten und die dem
Feinde abgenommene Beute, Waffen, Wagen und Pferde,
einerseits nach Troja, andererseits ins griechische Lager
(V, 325—663, 668—669). Die Griechen *weichen* vor den
siegreichen Trojanern *rückwärts zurück* (V, 699—702); sie
werden bis nach Naustathmos zurückgeworfen, denn nach
Vers V, 791 kämpfen sie in der Nähe der Schiffe.

Der Vortheil ist von neuem auf Seiten der Griechen,
denn abermals entspinnt sich eine furchtbare Schlacht zwischen ihnen und den Trojanern in der Ebene zwischen dem
Skamander und dem Simois; die Griechen weichen von
neuem zurück (VI, 107). Hektor geht nach Troja, um
Opfer für die Götter anzuordnen (VI, 111—115); wie es
scheint, kommt er gerade in dem Augenblicke an, wo die
rührende Scene und das herrliche Gespräch zwischen Glau-
kos und Diomedes stattfindet (VI, 119—235).

Hektor hat lange Unterredungen mit seiner Mutter, mit
Paris, mit Helena; er sucht und findet seine Gemahlin Andromache und führt ein langes und rührendes Gespräch mit
ihr; hieran schliesst sich die ergreifende Scene mit seinem
Sohne (VI, 254—493).

Hektor kehrt mit Paris in den Kampf zurück und wie
es scheint, befinden sie sich unmittelbar, nachdem sie aus
dem Thore getreten sind, unter ihren Truppen (VII, 1—7)
In der That mussten diese auch vor dem skäischen Thore
stehen, denn Minerva und Apollo setzen sich in der Gestalt
von zwei Geiern auf den Gipfel einer Buche, um sich an dem
Anblick der Krieger zu ergötzen, welche in dichten Reihen,
starrend von Helmen, Schilden und Speeren, gelagert waren

(VII, 58—62); diese Buche befand sich vor oder neben dem skäischen Thore (VI, 237).

Hektor und Paris tödten mehrere Feinde (VII, 8—16); dann fordert Hektor den tapfersten der Griechen zum Zweikampf heraus (VII, 67—91). Es tritt eine Pause ein; denn Niemand wagt es, sich dem Hektor entgegenzustellen; jetzt folgt die Rede des Menelaus, der sich erbietet, den Kampf mit ihm aufzunehmen; dann die Reden des Agamemnon und des Nestor (VIII, 96—160). Neun Helden melden sich zum Kampf mit Hektor; sie loosen. Das Loos trifft den Ajax, Sohn des Telamon, der sich darüber freut und sich mit dem blinkenden Erz bekleidet (VII, 161—225); dann folgen die Reden der beiden Gegner (VII, 226—243); sie kämpfen bis zur einfallenden Nacht und wechseln Geschenke aus (VII, 244—312).

Die Griechen kehren ins Lager zurück; die Anführer versammeln sich im Zelte des Agamemnon, wo dieser einen Stier opfert; man zieht dem Thiere die Haut ab, zerlegt und brät es; darauf nimmt man die Abendmahlzeit ein (VII, 313—336).

Man überschaue noch einmal die Fülle von Ereignissen an diesem Tage: zuerst bei Tagesanbruch allgemeine Versammlung im griechischen Lager; lange Rede Agamemnons, dann Zerstreuung der Truppen nach den Schiffen; lange Reden dreier Helden; man bereitet das Mahl; Agamemnon opfert dem Jupiter einen Stier; abermals Rede Nestors; endlich lässt Agamemnon das Heer in Schlachtordnung stellen. Aber alle diese verschiedenen Vorgänge werden mindestens vier Stunden in Anspruch genommen haben, sodass es zehn Uhr Morgens ist, als die Truppen in der Ebene des Skamander vorrücken. Sie nähern sich dem

skäischen Thore so weit, dass Helena die griechischen
Heerführer erkennt; Paris fordert zum Zweikampf auf;
Reden Hektors und des Menelaus; Sendung von Herolden
nach Troja und ins griechische Lager, um lebendige Lämmer zu holen; feierliches Opfer; Zweikampf. Zahlreiche
Reden Agamemnons. Die Griechen werfen die Trojaner bis
vor die Mauern von Troja zurück, und werden wiederum
zurückgeworfen, *aber sie ziehen sich nur rückwärts bis an die
Schiffe zurück.* Die Griechen sind von neuem vorgerückt,
denn es entbrennt eine furchtbare Schlacht in der Ebene
zwischen dem Skamander und Simois. Die Griechen weichen abermals zurück; Hektor geht nach Troja; lange
Unterredung zwischen ihm, Hekuba, Paris, Helena und
Andromache. Die Griechen sind von neuem vorgerückt;
denn Hektor und Paris befinden sich in ihrer Gegenwart,
als sie aus dem skäischen Thore gehen; Rede Hektors, des
Menelaus, des Nestor; endlich der Zweikampf, welcher
durch die Nacht beendigt wird; die Griechen kehren ins
Lager zurück.

So wurde der Raum zwischen der Stadt und dem griechischen Lager wenigstens sechs mal in der Zeit von zehn
Uhr Morgens bis sieben Uhr Abends durchlaufen, nämlich: zwei mal von dem Herold, welcher das Lamm holte,
und wenigstens vier mal von dem Heere, und ein mal sogar *rückwärts,* und alle diese Märsche und Gegenmärsche
haben trotz des sehr grossen Zeitverlustes ausgeführt werden können, welcher durch die zahlreichen Reden, die
Opfer, die verschiedenen Schlachten, und die beiden Zwei-
kämpfe verursacht wurde.

Die Entfernung vom griechischen Lager bis Troja
muss also sehr gering gewesen sein und weniger als

fünf Kilometer betragen haben. Bunarbaschi ist vierzehn Kilometer vom Vorgebirge Sigeum entfernt; hätte nun Troja auf den Höhen von Bunarbaschi gelegen, so würde man von zehn Uhr Morgens bis sieben Uhr Abends wenigstens vierundachtzig Kilometer durchlaufen haben, trotz des vielen durch die verschiedenen aufgezählten Ursachen hervorgerufenen Zeitverlustes.

SIEBZEHNTES KAPITEL.

Ausgrabungen auf der Stelle der ehemaligen kleinen Stadt auf den Höhen von Ballidagh. — Bett des Skamander. — Der Thymbrius. — Thymbra. — Der Kalifatli Asmak. — Natürliche Bodenbeschaffenheit der trojanischen Ebene. — Ungesundes Klima. — Neu-Ilium, das heutige Hissarlik. — Identität seiner Stelle mit der von Troja. — Künstlicher Hügel — Verzeichniss neuerer Werke über Troja. — Frank Calverts Entdeckungen. — Die einstimmige Tradition des Alterthums verlegt Troja nach Neu-Ilium. — Beweise aus der klassischen Literatur für diese Annahme.

Am 13. August stellten wir einige Nachgrabungen an der Stelle der unbedeutenden Stadt an, welche auf der Hochfläche unmittelbar vor der kleinen Citadelle gestanden hat, und wie ich schon gesagt habe, 2000 Einwohner fassen konnte. Jeder Schlag mit der Hacke brachte uns dort Scherben, und an mehreren Stellen kamen Fundamente von kleinen Häusern, zwei bis drei Meter lang und ebenso breit, zum Vorschein.

Wir gruben auch an verschiedenen Stellen der kleinen Citadelle und überall fanden wir Scherben in grosser Anzahl.

Ebenso setzten wir vier Stunden lang die vom Consul Hahn angefangenen Ausgrabungen in dem sieben Meter langen und ebenso breiten kleinen Gebäude fort, dessen Aussenwände bis auf die Fundamente aufgedeckt sind und

ungefähr drei Meter in der Höhe messen. Hier fanden wir
Trümmer von Ziegeln und Töpfergeschirr in ungeheurer
Masse, unter andern einen Topf aus gebrannter Erde, von
zierlicher Form und den Urnen ähnlich, die man in den
Gräbern von Korinth findet. Die Steine, aus welchen das
Gebäude aufgeführt ist, sind auf der innern Wandseite
nicht behauen, sodass sie einer über dem andern unregel-
mässige Vorsprünge von 20 bis 30 Centimeter bilden, woraus zu folgen scheint, dass es, selbst bis zur Höhe von
3 Metern, nur Unterbauten sind, auf welchen das eigent-
liche Gebäude sich erhob. Aber die ungeheure Masse
Trümmer von Hausgeräth, mit welchen diese Unterbauten
angefüllt und bedeckt sind, lässt es ausser allem Zweifel,
dass während langer Jahrhunderte andere Häuser auf den
Ruinen des Gebäudes und über den Unterbauten errichtet
worden sind.

Am Abend kehrte ich nach Bunarbaschi zurück, wo ich
meine Arbeiter bezahlte und für den folgenden Tag wieder
engagirte. Da es schon zu spät war, nach dem Skamander
zu gehen, so hielt ich meine Abendmahlzeit an den Quellen
und brachte die Nacht abermals auf dem Felsen zu.

Am folgenden Tage, den 14. August, brach ich um
5 Uhr Morgens mit meinem Führer und den Arbeitern auf.
Wir nahmen unsere Richtung zuerst gegen Osten nach dem
Skamander zu, und dann gegen Norden im sandigen Bett
dieses Flusses. Die Hitze hatte den Boden so trocken und
locker gemacht, dass mich mein Pferd nicht tragen konnte.
Ich gab es daher meinem Führer mit dem Auftrage, es
über die Felder nach Hissarlik (*Neu-Ilium*) zu führen,
während ich mit den fünf Arbeitern zu Fuss den Weg fort-
setzte.

Nach einstündigem beschwerlichen Marsche im Sande
gelangten wir zu der Stelle, wo der kleine Fluss Kimar-Su,
der alte Thymbrius, welcher von den Callicalone genannten
Hügeln herabkommt, sich in den Skamander ergiesst. Die
Ufer dieses Flüsschens sind so dicht mit Bäumen bedeckt,
dass man ihn kaum sieht.

Wir gingen am Ufer des Thymbrius aufwärts und kamen ungefähr 1 Kilometer von seiner Mündung bei dem
Pachthofe Batak an, welcher auf der Stelle des zerstörten
Dorfes Akchekin erbaut ist. Hier war die alte Stadt Thymbra mit dem Tempel des Thymbrischen Apollo.

Eine hier von Doctor Hunt aufgefundene Inschrift zu
Ehren dieses Gottes lässt keinen Zweifel darüber.

Nach Strabo (XIII, 1 S. 107 *Tauchnitzer Ausgabe)* lag
dieser Tempel gerade an der Stelle, wo der Thymbrius sich
in den Skamander ergiesst. Sonach müsste letzterer sein
Bett ein Kilometer mehr nach Westen verlegt haben. Da
aber Strabo die Gegend nicht selbst besucht hat, so mag
sich eine Ungenauigkeit in die Angaben seiner Bericht-
erstatter eingeschlichen haben, wie sich deren bekanntlich
viele in den Berichten des Demetrius von Skepsis befinden.

Auf dem Pachthofe Batak ist der Boden überall mit
Scherben besäet. Auch finden sich zahlreiche Mauerreste,
aus deren Ausdehnung man ersieht, dass Thymbra eine
nicht unbedeutende Stadt gewesen sein muss. Frank Calvert, dem die Archäologie so viele wichtige Entdeckungen
verdankt, ist es gelungen, die Todtenstadt von Thymbra zu
entdecken. Die von ihm ausgeführten Ausgrabungen haben
seine grosse und prächtige Sammlung von Alterthümern mit
einer Menge von Urnen bereichert, deren Ausführung eine
hohe künstlerische Vollendung beweist.

In dem Thale von Thymbra lagerten die Lykier und Mysier: „πρὸς Θύμβρης δ' ἔλαχον Λύκιοι, Μυσιοι τ' ἀγέρωχοι", *nach Thymbra zu lagerten sich die Lykier und die stolzen Mysier* (*Il.* X, 430).

Meine Arbeiter sagten mir, der Kimar-Su fliesse anfänglich durch ein enges, von hohen Bergen eingeschlossenes Thal und winde sich dann durch ein wahres Labyrinth von grossen Steinblöcken an der Stelle, wo die schon erwähnte Wasserleitung über ihn führt.

Das Bett dieses Flusses ist nur 8 bis 10 Meter breit und der Stand des Wassers so niedrig, dass es kaum fliesst; aber die Ufer sind ungefähr zwei Meter hoch und steil, woraus man schliessen kann, dass er im Winter und Frühling wasserreich und reissend ist.

Von dem Pachthofe Batak wandten wir uns nach Nordwesten und kamen bald an einen Sumpf, der durch die sogenannten *Judan*-Quellen gespeist wird. Von ihm gehen zwei Bäche aus; der eine fliesst nach Südosten und ergiesst sich in den Kimar-Su (den Thymbrius), der andere nach Nordwesten ins Meer. Dieser letztere, von den Bewohnern der Ebene *Kalifatli-Asmak* genannt, hat ein tiefes Bett und während der grossen Sommerhitze kein fliessendes Wasser; doch fand ich stellenweise Tümpel mit stehendem Wasser in ihm. Meine Arbeiter versicherten mir, dieser kleine Fluss habe im Winter und den ganzen Frühling hindurch eine starke Strömung und trete manchmal über seine Ufer. Er fliesst gegen Norden über Hissarlik hinaus, dann einige hundert Meter gegen Westen, dann nach Nordwesten und ergiesst sich in zwei Armen, noch nicht ganz ein Kilometer von der Mündung des Skamander, ins Meer. Ungefähr $2\frac{1}{2}$ Kilometer im Nordwesten von Hissarlik steht er durch einen künstlichen Kanal mit dem Hauptarme des Dumbrek-Su (Simoïs) in Verbindung.

Strabo (XIII, 1 S. 107 *Tauchnitzer Ausgabe*) giebt die Entfernung von Thymbra nach Neu-Ilium zu 50 Stadien an, also, das Stadion zu 185 Meter gerechnet, 9250 Meter. Diese Angabe scheint genau zu sein, denn wir brauchten zwei Stunden, um diesen Weg zurückzulegen.

Der Boden der trojanischen Ebene besteht aus fetter Thonerde. Sie soll ehemals einen Meerbusen gebildet haben und durch die Anschwemmungen der Flüsse entstanden sein. Aber wichtige Gründe, welche ich später darlegen werde, haben mir die Ueberzeugung gebracht, dass diese Ebene kein angeschwemmtes Land ist, sondern gleiches Alter mit den beiden Vorgebirgen Sigeum und Rhöteum aufzuweisen hat.

Die Felsen, welche die Ebene umgeben, sind sandiger Kalkstein.

Das Klima ist sehr ungesund, denn während der grossen Hitze dünsten die Sümpfe pestilenzialische Miasmen aus, welche gefährliche Fieber erzeugen. Diese Fieber richten grosse Verheerungen in der Bevölkerung an, besonders aber unter den Neuangekommenen, die noch nicht an das Klima gewöhnt sind. Ohne jene Sümpfe würde das Klima durchaus gesund sein. Aber die Bevölkerung ist gegenwärtig so schwach und unbedeutend, dass sie sicherlich um eine Verbesserung desselben sich nicht kümmert. Indess geht aus den alten Schriftstellern hervor, dass hier immer Sümpfe gewesen sind, selbst zu der Zeit, als die Bevölkerung zahlreich und mächtiger war.

Selbst unmittelbar an den Mauern Troja's war ein Sumpf, denn Odysseus sagt zu Eumaios (*Od.* XIV, 472—475):

11*

’Αλλ’ ὅτε δή ῥ’ ἱκόμεσθα ποτὶ πτόλιν αἰπύ τε τεῖχος,
Ἡμεῖς μὲν περὶ ἄστυ κατὰ ῥωπήϊα πυκνά,
Ἂν δόνακας καὶ ἕλος, ὑπὸ τεύχεσι πεπτηῶτες
Κείμεθα.

„Als wir aber zur Stadt gelangten, und zu der hohen
Mauer, lagerten wir uns in voller Waffenrüstung vor der
Citadelle, mitten unter dichtem Gesträuch, in den Binsen
eines Sumpfes."

Gegen zehn Uhr Morgens kamen wir auf ein weit
ausgedehntes hochliegendes Terrain, welches mit Scherben
und Trümmern von bearbeiteten Marmorblöcken bedeckt
war. Vier einzeln stehende, zur Hälfte im Boden vergra-
bene marmorne Säulen zeigten die Stelle eines grossen
Tempels an. Die weite Ausdehnung des mit Trümmern
besäeten Feldes liess uns nicht bezweifeln, dass wir auf
dem Umkreise einer grossen, einst blühenden Stadt standen, und wirklich befanden wir uns auf den Ruinen von
Neu-Ilium, jetzt *Hissarlik* genannt, welches Wort *Palast*
bedeutet.

Nachdem wir eine halbe Stunde lang auf diesem Terrain weiter gegangen waren, kamen wir zu einem Hügel
von ungefähr 40 Meter Höhe, welcher im Norden fast senkrecht in die Ebene abfällt und ungefähr 20 Meter höher ist,
als der Rücken der Bergkette, deren letzten Ausläufer er
bildet.

Alle Zweifel rücksichtlich der Identität von Hissarlik
mit Neu-Ilium schwinden beim Anblick dieser Bergkette,
welche durchaus den Worten Strabo's entspricht (XIII, 1
S. 109 *Tauchnitzer Ausgabe*) „συνεχὴς ῥάχις", *fortlaufender
Bergrücken.*

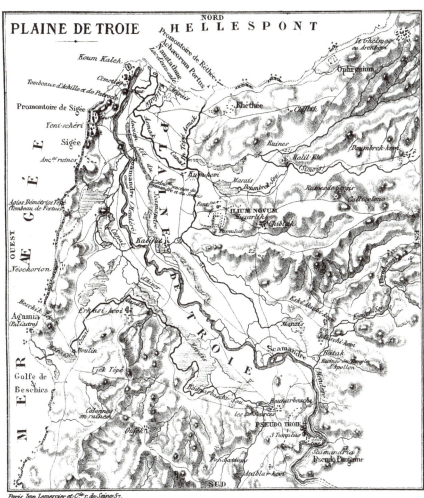

PLAINE DE TROIE

NORD

HELLESPONT

Koum Kaleh

Tombeaux d'Achille et de Patrocle

Promontoire de Rhétée

Achæorum Portus

Naustathme

Lardanie

In Tepeh

Rhétée

Promontoire de Sigée

Yeni-schéri

Sigée

Anc.ᵉˢ ruines

Kum-kevi

Agios Démétrios Tépé
Tombeau de Festus

Marais

Doumbrek Sou

Fontaine

ILIUM NOVUM

Bessarltik

Tumulus

Kalifat

Neochorion

Beschik

Agamia
(Palæastro)

Moulin

Erkassi-kevi

Tjek Tépé

Golfe de
Beschica

Colonnes
en ruines

Oujek

Fondjatena

Ardblar-kevi

le Chelmer
ou Arenkeui

Ophrynium

Challak

Ruines

Halil-Eli
(Simoïs)

Doumbrek-keui

Ruines de Gergis

Callicolones

Chiblak

Eski-Hissarlik

Marais

Scamandre

Batak
Ruines du temple
d'Apollon

Bounarbaschi

les 40 Sources

PSEUDO TROIE

3 Tumulus

Scamandria
Pseudo Pergame

SUD

OUEST

MER ÉGÉE

MER

AE G E E

PLAINE DE TROIE

Paris: Imp. Lemercier et Cⁱᵉ r. de Seine 57.

Der Gipfel des genannten Hügels bildet ein viereckiges, ebnes Plateau von 233 Meter Länge bei gleicher Breite. Der geistreiche Frank Calvert hat durch Nachforschungen in dem Hügel gefunden, dass er zum grossen Theil künstlich aus den Ruinen und Trümmern der Tempel und Paläste aufgeworfen worden ist, welche lange Jahrhunderte hindurch nach einander auf diesem Boden gestanden haben. Bei einer Ausgrabung auf dem Gipfel im Osten legte er einen Theil eines grossen Gebäudes, eines Palastes oder Tempels, aus grossen, ohne Cement übereinander geschichteten Quadersteinen bloss. Aus den wenngleich nur dürftigen Resten des Gebäudes ersieht man, dass es eine grosse Ausdehnung hatte und mit vollendeter Kunst ausgeführt war.

Nachdem ich zweimal die ganze Ebene von Troja aufmerksam untersucht habe, theile ich vollkommen die Ueberzeugung Calverts, dass die Hochfläche von Hissarlik die Stelle des alten Troja bezeichnet, und dass auf dem genannten Hügel seine Burg Pergamus gelegen hat. Ich stimme also nicht überein mit Lechevalier, Voyage de la Troade, 3e éd. Paris 1802; Rennel, Observations on the topography of the plain of Troy, London 1814; P. W. Forchhammer, im Journal of the Royal Geographical Society, vol. XII, 1842; Mauduit, Decouvertes dans la Troade, Paris-Londres 1840; Welcker, Kleine Schriften; Texier; Choiseul-Gouffier, Voyage pittoresque de la Grèce, 1820; M. G. Nicolaïdes, Paris 1867, welche sämmtlich das alte Troja auf die Höhen von Bunarbaschi verlegen. Ebenso wenig mit Clarke und Barker Webb, Paris 1844, welche die Hügel von Chiblak jenseits Neu-Ilium als die Stelle Troja's ansehen. Aber ich stimme vollkommen überein mit C. Mac

Laren, Dissertation on the topography of the Trojan war, Edinburgh 1822, und Eckenbrecher im Rheinischen Museum, N. F. 2. Jahrg., S. 1 ff., welche die Identität Hissarlik's mit Troja anerkennen.

Um zu den Ruinen der Paläste des Priamus und seiner Söhne, sowie zu denen der Tempel der Minerva und des Apollo zu gelangen, wird man den ganzen künstlichen Theil dieses Hügels fortschaffen müssen. Alsdann wird sich sicherlich ergeben, dass die Citadelle von Troja sich noch eine bedeutende Strecke über das anstossende Plateau aus- dehnte; denn die Ruinen vom Palaste des Odysseus, von Tiryns und von der Citadelle in Mykenä, sowie die grosse, noch unberührte Schatzkammer Agamemnons beweisen deutlich, dass die Bauwerke des heroischen Zeitalters grosse Ausdehnungen hatten.

Die Burg Pergamus muss zur Zeit des Priamus um- fangreich gewesen sein; denn ausser den drei Palästen und wenigstens zwei Tempeln, welche sich hier befanden, blieb noch viel freier Raum übrig, sonst hätte das trojanische Volk seine Versammlung nicht vor dem königlichen Palaste halten können (*Il.* II, 788—789).

Οἱ δ' ἀγορὰς ἀγόρευον ἐπὶ Πριάμοιο θύρῃσιν
Πάντες ὁμηγερέες, ἠμὲν νέοι ἠδὲ γέροντες.

„Sie hatten sich alle auf der Agora versammelt, Jüng- linge und Greise, vor der Säulenhalle des Priamus."

Die Kunde von der früheren Baustelle einer Stadt kann durch nichts besser bewahrt werden, als durch die Tradi- tion, welche unter den Einwohnern fortlebt. Da nun nach der Tradition, welche sich in Neu-Ilium erhalten hat, das

alte Troja niemals ganz zerstört oder verlassen worden ist
(Strabo XIII, 1, S. 111 Tauchnitzer Ausgabe), so hat man
keinen Grund daran zu zweifeln, um so weniger, als es
sich aus Homer selbst mit Sicherheit zu ergeben scheint,
*dass ein trojanisches Königreich selbst nach der Zerstörung
der Hauptstadt durch die Griechen fortbestand, und dass
dieses Königreich zu Homer's Zeiten, also zweihundert Jahre
nach dem trojanischen Kriege existirte*; denn wie hätte sonst
Homer, der immer so wahr und genau ist, die schönen
prophetischen Verse dem Poseidon in den Mund legen können (*Il.* XX, 300—308):

> Ἀλλ' ἄγεθ', ἡμεῖς πέρ μιν ὑπὲκ θανάτου ἀγάγωμεν,
> Μήπως καὶ Κρονίδης κεχολώσεται, αἴ κεν Ἀχιλλεὺς
> Τόνδε κατακτείνῃ, μόριμον δέ οἵ ἐστ' ἀλέασθαι,
> Ὄφρα μὴ ἄσπερμος γενεὴ καὶ ἄφαντος ὄληται
> Δαρδάνου, ὃν Κρονίδης περὶ πάντων φίλατο παίδων,
> Οἳ ἕθεν ἐξεγένοντο γυναικῶν τε θνητάων.
> Ἤδη γὰρ Πριάμου γενεὴν ἤχθηρε Κρονίων·
> Νῦν δὲ δὴ Αἰνείαο βίη Τρώεσσιν ἀνάξει,
> Καὶ παίδων παῖδες, τοί κεν μετόπισθε γένωνται.

„Wohlan! lasst uns den Aeneas dem Tode entreissen,
damit der Sohn des Saturn nicht in Zorn geräth, wenn
Achilleus ihn tödtet; denn das Schicksal will, dass er
entkommt, damit das Geschlecht des Dardanos nicht ohne
Nachkommen und vergessen untergehe, jenes Dardanos,
den Jupiter am meisten von allen Kindern geliebt hat, die er
mit sterblichen Frauen erzeugte; denn das Geschlecht des
Priamos ist jetzt dem Sohn des Saturn verhasst; ja, bald
werden über die Trojaner herrschen Aeneas und die Söhne
seiner Söhne, und die, welche später geboren werden."

Wenn also zu Homers Zeit ein trojanisches Reich mit einem Nachkommen des Aeneas als König nicht existirt hätte, so würde der Dichter den Neptun eine lächerliche Lüge haben aussprechen lassen; aber eine solche Blasphemie ist weder mit seinem blinden Glauben an die hohe Weisheit der Götter, noch mit seiner beständigen Wahrhaftigkeit vereinbar.

Strabo, welcher alle Traditionen verwirft, nach denen Aeneas, als er mit seinem Vater Anchises und seinem Sohn Askanius von Troja entkam, eine Colonie in der Nähe des Olympus in Macedonien, oder in Arkadien, oder in Sicilien gegründet haben soll, von wo er nach Latium gekommen wäre, um sich dort niederzulassen, Strabo, sage ich, ist der Ansicht, Homer gebe in der prophetischen Rede des Neptun deutlich zu verstehen, dass Aeneas in Troja geblieben ist, daselbst nach dem Erlöschen der Dynastie des Priamus geherrscht und seinen Kindeskindern das Reich hinterlassen hat. (Strabo XIII, 1 S. 123 Tauchnitzer Ausg.)

ACHTZEHNTES KAPITEL.

Fortsetzung der Beweise für die Identität von Neu-Ilium mit dem Homerischen Ilium. — Besuche des Xerxes, des Mindaros und Alexanders des Grossen — Geschichte von Neu-Ilium. — Gründe für die falschen, von Strabo angenommenen Behauptungen des Demetrios von Skepsis. — Naustathmos. — Lage des griechischen Lagers. — Die Vorgebirge Rhöteum und Sigeum.

Troja scheint nach der Zeit Homer's nochmals zerstört worden zu sein, denn Strabo erzählt, dass die Einwohner von Sigeum, von Rhöteum und den benachbarten Städten nach der Zerstörung von Troja sich in das Gebiet von Troja theilten, aber zur Zeit seiner Wiederaufbauung unter der Herrschaft der Lydier es an Ilium zurückgaben; sowie auch, dass Hellanikos, ein sehr alter Schriftsteller, die Identität der alten Stadt mit Neu-Ilium bestätige. (Strabo, XIII, 1, S. 113.)

Allein die Herrschaft der Lydier begann ungefähr 800 Jahre v. Chr. Wenn wir es nun für gewiss annehmen, dass es zur Zeit Homers ein trojanisches Königreich und eine Stadt Troja oder Ilium gab, so verlieren wir diese Stadt nur zwei Jahrhunderte lang aus den Augen.

In einem Zeitraum von zwei Jahrhunderten würde uns die Tradition die Baustelle eines verschwundenen Dorfes bewahren, dessen Häuser nur aus Holz oder Lehm gebaut

und mit Schilf gedeckt waren; es wäre also unsinnig zu
glauben, dass in einem so kurzen Zeitraume sich das Andenken an die Stelle einer grossen Hauptstadt von cyklopi-
schem Bau verloren habe.

Niemand wird daran zweifeln, dass die Trojaner unter
Aeneas ihre Hauptstadt auf der Stelle des von den Griechen
unter Agamemnon zerstörten Troja wieder aufgebaut haben;
denn es fesselte sie an diesen Boden das Andenken sowohl
an ihre alte Bedeutung, wie an ihre eigenen glorreichen
Thaten.

Ich kann natürlich nicht mit vollkommener Sicherheit
angeben, wie die Häuser in Troja gebaut waren; da ich
mich aber überzeugt habe, dass die Schweineställe des
Eumaios auf Ithaka cyklopische Bauwerke aus grossen,
ohne Cement übereinander geschichteten Quadersteinen
waren, so trage ich kein Bedenken zu behaupten, dass im
heroischen Zeitalter alle Häuser auf die nämliche Weise
erbaut wurden, sowie, dass die Paläste des Priamus und
seiner Söhne und die verschiedenen Tempel der Citadelle
cyklopische Bauwerke waren, von gleich vollkommener
Kunst wie die Schatzkammer des Agamemnon zu Mykenä,
und dass die von Apollo und Neptun erbaueten Ringmauern
Troja's (*Il.* VII, 452—453) wenigstens ebenso grossartig
und fest waren, wie die der Citadellen von Tiryns und
Mykenä, welche Cyklopen erbaut hatten; denn der schöpfe-
rischen Hand der Götter könnte man nur solche Bauwerke
zuschreiben, welche diejenigen der Cyklopen und anderer
Sterblichen übertreffen.

Es ist daher sehr wahrscheinlich, dass nicht nur die
Mauern Troja's, sondern selbst die Paläste, die Tempel und
die einfachen Häuser der Stadt nur theilweise von den

Griechen zerstört wurden; denn nur das Innere und die
Dächer konnten abbrennen, das Mauerwerk aber durch den
Brand nicht einmal beschädigt werden; und wenn man die
Mauern von Tiryns betrachtet, von denen, nach der richti-
gen Bemerkung des Pausanias, ein Gespann von zwei
Maulthieren auch nicht den kleinsten Stein von der Stelle
hätte bewegen können, so überzeugt man sich mit leichter
Mühe, dass eine ähnliche, die grosse Stadt Troja umgebende
Mauer vom griechischen Heere nicht hat zerstört werden
können.

Aber wenn wir selbst annehmen, dass Troja und seine
Mauern von Grund aus zerstört worden seien, so hatten
doch alle Quadersteine der cyklopischen Bauwerke liegen
bleiben müssen, und die Trojaner unter Aeneas fanden
alles Material zur Erbauung einer neuen Hauptstadt vor.

Im ganzen Alterthum hat man übrigens nie den geringsten Zweifel über die Stelle Troja's und der Burg Pergamus gehabt; denn nach Herodot (VII, 43): „kam Xerxes
bei seinem Zuge durch Troas vor seinem Einfall in Griechenland (also im Jahre 480 v. Chr.) am Skamander an,
und stieg zu Priam's Pergamus hinauf, weil er das Verlangen hatte, diese Burg zu sehen; und nachdem er es
gesehen und sich nach seinen Schicksalen erkundigt hatte,
opferte er der ilischen Minerva tausend Rinder, und die
Magier brachten den Manen der Helden Trankopfer dar.“

Aus dieser Stelle Herodots ergiebt sich, dass damals
eine Stadt Ilium mit einer Citadelle *Pergamus* und einem
der ilischen Minerva, der Schutzgöttin dieser Stadt, ge-
weiheten Tempel existirte, und dass man als sicher annahm,
an dieser Stelle habe das Homerische Ilium und Priam's
Pergamus, wie Herodot sich ausdrückt, gestanden.

Ein anderes sicheres Zeugniss für die Lage Troja's giebt uns Xenophon (I, 1, 4), welcher erzählt, dass der lacedämonische Feldherr Mindaros der Minerva zu Ilium opferte.

Wichtiger aber als diese Zeugnisse ist der Besuch Alexanders des Grossen zu Ilium und Pergamus (Strabo XIII, I, S. 99, Tauchnitzer Ausgabe). Dieser war im höchsten Grade von der Iliade begeistert. Er hielt sie in hohen Ehren, nannte sie *„eine Vorrathskammer der kriegerischen Tugend"* und hatte sie stets neben seinem Degen unter dem Kopfkissen liegen. (Plutarch, Leben Alexanders des Grossen, VIII.)

Arrianus erzählt, Alexander der Grosse habe bei seinem Besuche zu Ilium der ilischen Minerva geopfert, seine Waffenrüstung im Tempel dieser Göttin aufgehangt und einige der geweihten Waffen mitgenommen, welche vom trojanischen Kriege her hier aufbewahrt wurden. Seine Verehrung für diese trojanischen Waffen war so gross, dass er sie in der Schlacht von seiner Leibwache vor sich hertragen liess.

Er brachte auch im Tempel des herceischen Jupiter zu Ilium dem Priamus Opfer dar und bat ihn, von seinem Zorn gegen das Geschlecht des Neoptolemus, welchem er (Alexander) angehörte, abzulassen. (Arrian I, 11.)

Plutarch erzählt: nachdem Alexander über den Hellespont gegangen war, stieg er nach Ilium hinauf, opferte der Minerva und brachte den Manen der Helden Trankopfer. Die Grabsäule des Achilles besprengte er mit Oel und lief, wie dies Gebrauch war, mit seinen Gefährten ganz nackt um das Grab herum, legte einen Blumenkranz darauf

und pries den Achilles glücklich, dass er während seines
Lebens einen treuen Freund, und nach seinem Tode einen
grossen Sänger seines Ruhmes gehabt habe.

Als er die Stadt Ilium durchwanderte und ihre Merk-
würdigkeiten in näheren Augenschein nahm, fragte man
ihn, ob er die Leyer des Alexandros (Paris) sehen wollte.
Er entgegnete, diese kümmere ihn sehr wenig, er wünsche
lieber die Leyer zu sehen, auf welcher Achilles den Ruhm
und die Thaten der grossen Männer besungen habe. (Plutarch, Leben Alexanders des Grossen, XV.)

Bei der hohen Verehrung, welche Alexander der Grosse
für Homer und seine Helden bezeugte, war er gewiss der
festen Ueberzeugung, dasjenige Ilium, wo er der Minerva
opferte, stehe an der Stelle der alten Stadt des Priamus.

Wir lesen bei Strabo: „Man sagt, die Stadt Ilium sei
bis zu Alexanders Zeit ein Flecken gewesen, und es habe
sich dort ein kleiner und winziger Tempel der Minerva befunden. Als aber Alexander nach dem Siege am Granikus
hierherkam, bereicherte er den Tempel mit Opfergaben,
erhob den Flecken zu dem Range einer Stadt, befahl sie
durch neue Bauten zu vergrössern, erklärte sie für
frei und entledigte sie aller Abgaben. Später, nach der
Zerstörung des persischen Reiches, schickte er ihr zum
Beweise seines Wohlwollens einen Brief, worin er versprach, aus ihr eine grosse Stadt und ihren Tempel sehr
berühmt machen, sowie heilige Spiele in der Stadt einführen
zu wollen. Nach seinem Tode that Lysimachus viel für die
Stadt, umgab sie mit einer 40 Stadien langen Mauer, baute
einen Tempel und vermehrte die Bevölkerung dadurch, dass
er die Einwohner der alten, in Verfall gerathenen Städte
der Umgegend dorthin verpflanzte. Alexander der Grosse

nahm grosses Interesse an Neu-Ilium, einmal deshalb, weil
er seine Verwandtschaft mit den Iliern begründen wollte,
sodann wegen seiner Bewunderung für Homer. Es giebt
sogar von ihm eine berichtigte Ausgabe der Gedichte Homers, welche die Ausgabe des „Kästchens" (ἡ ἐκ τοῦ νάρ-
θηκος) genannt wird. Alexander hat nämlich diese Gedichte
mit dem Kallisthenes und Anaxarchos revidirt und Bemer-
kungen zu ihnen gemacht, und bewahrte sie in einem
reichgeschmückten Kästchen auf, welches er in der Schatzkammer der Perser gefunden hatte. Das ausserordentliche
Wohlwollen Alexanders für die Ilier ging also zunächst
aus seiner Verehrung für den Dichter hervor, dann aus
seiner Verwandtschaft mit den Aeakiden, den Königen der
Molosser, bei welchen, wie man˙ sagt, auch Andromache,
welche früher die Gemahlin Hektors war, geherrscht hat."
(Strabo XIII, 1, S. 100 und 101. Tauchnitzer Ausgabe.)

Derselbe Schriftsteller erzählt uns ferner, dass Ilium
von Neuem in Verfall gerieth, und zwar in so hohem Grade,
dass nach Demetrios von Skepsis die Häuser nicht einmal
mit Ziegeln gedeckt waren, als die Römer zum ersten Mal
in Asien einfielen; dass die Stadt sich wieder erholte, dass
sie aber von Neuem durch Fimbria's Eroberung im mithri-
datischen Kriege zu leiden hatte. Fimbria nahm nämlich
die Stadt nach einer neuntägigen Belagerung ein, und als
er sich rühmte, dass Agamemnon mit einer Flotte von
tausend Schiffen zehn Jahre zur Einnahme der Stadt gebraucht hätte, während er sie in neun Tagen eingenommen
hätte, entgegnete ihm ein Ilier: οὐ γὰρ ἦν Ἕκτωρ ὁ ὑπερ-
μαχῶν τῆς πόλεως („die Stadt hatte aber auch keinen Hektor
zum Vertheidiger"). Fimbria wurde später von Sylla ge-
stürzt und vertrieben. Letzterer entschädigte die Stadt

durch grosse Verbesserungen. Auch Julius Cäsar that viel
für Neu-Ilium, weil er Alexander, dessen Bewunderer er
war, nachahmen wollte, und ausserdem deutliche Beweise
seiner Verwandtschaft mit den Iliern zu haben glaubte. Er
beschenkte sie mit Ländereien und bestätigte ihre Selb-
ständigkeit und Abgabenfreiheit. (Strabo XIII, 1, S. 101.
Tauchnitzer Ausgabe.)

Bei Justinus (XXXI, 8) lesen wir, dass im ersten römischen Feldzug in Asien ein gegenseitiger Austausch von
Beglückwünschungen zwischen den Iliern und Römern, wie
nach einer langen Trennung zwischen Eltern und Kindern
stattfand. In der That war der Glaube an die Identität der
Stelle von Neu-Ilium mit der der alten Stadt des Priamus
im ganzen Alterthum so fest begründet, dass Niemand
jemals daran gezweifelt hat, ausser Strabo, welcher aber
die Ebene von Troja niemals selbst besucht hatte und sich
auf die von Eigennutz eingegebenen Berichte des Demetrios
von Skepsis verliess.

Nach Strabo (XIII 1, S. 122 Tauchnitzer Ausgabe) behauptete dieser Demetrios von Skepsis, seine Geburtsstadt,
Skepsis, sei die Residenz des Aeneas gewesen, und beneidete
Ilium um die Ehre, die Hauptstadt des trojanischen Königreichs geworden zu sein. Deshalb sprach er die Ansicht
aus, in Neu-Ilium und Umgegend sei für die grossen Thaten
der Iliade nicht Raum genug, und das ganze Terrain, welches diese Stadt vom Meere trennte, sei angeschwemmtes
Land und habe sich erst nach dem trojanischen Kriege gebildet. Als einen andern Beweis, dass die Stelle der beiden
Städte nicht dieselbe sein könnte, führt er an, Achilleus
und Hektor seien drei Mal um Troja gelaufen, während
man um Neu-Ilium nicht herumlaufen könnte, „διὰ τὴν

συνεχῆ ῥάχιν", *wegen des fortlaufenden Bergrückens.* (Strabo XIII, 1, S. 109.)

Aus all diesen Gründen müsse man das alte Troja an die Stelle von 'Ιλιέων κώμη, dreissig Stadien von Neu-Ilium und zweiundvierzig Stadien von der Küste, verlegen, obwohl er allerdings zugestehen muss, dass sich nicht die geringste Spur davon erhalten habe. (Strabo XIII, 1, S. 99.)

Strabo würde gewiss bei dem ihn kennzeichnenden richtigen Urtheil diese irrthümlichen Behauptungen des Demetrios von Skepsis nicht gebilligt haben, wenn er selbst die Ebene von Troja besucht hätte, da sie sich leicht widerlegen lassen.

Zunächst beträgt die Entfernung von Neu-Ilium in grader Richtung nach Norden bis zur Küste vier Kilometer, dagegen von Neu-Ilium in grader Richtung nach Nord-Westen fünf Kilometer bis zum Vorgebirge Sigeum, welches die Tradition zu Strabo's Zeit noch als die Stelle des griechischen Lagers bezeichnete. Strabo sagt nämlich (XIII, 1, S. 103): „Nächst Rhöteum sieht man die zerstörte Stadt Sigeum, den Hafen der Achäer, das achäische Lager und den Sumpf oder See, Stomalimne genannt, und die Mündung des Skamander."

Die Berichte Homers über die Märsche der beiden Heere beweisen deutlich, dass der griechische Naustathmos und das griechische Lager sich zwischen Sigeum und der Mündung des Skamander befanden. Diese Entfernung beträgt jetzt 1,720 Meter; aber gewisse Spuren eines alten Flussbettes, welche ich ungefähr 280 Meter weiter östlich gefunden habe, machen es unzweifelhaft, dass die Mündung des Skamander zur Zeit des trojanischen Krieges ungefähr zwei Kilometer von Sigeum entfernt war.

Nichtsdestoweniger war der Naustathmos zu eng, denn
Homer sagt (*Il.* XIV, 31—36):

Τὰς γὰρ πρώτας πεδίονδε
Εἴ ᾿σαν, αὐτὰρ τεῖχος ἐπὶ πρύμνῃσιν ἔδειμαν.
᾿υδὲ γὰρ οὐδ᾿, εὐρύς περ ἐών, ἐδυνήσατο πάσας
Αἰγιαλὸς νῆας χαδέειν · στείνοντο δὲ λαοί.
Τῷ ῥα προκρόσσας ἔρυσαν καὶ πλῆσαν ἁπάσης
Ἠιόνος στόμα μακρόν, ὅσον συνεέργαθον ἄκραι.

„Man hatte die erste Linie der Schiffe bis auf die
Ebene gezogen und längs der Steuerenden eine Mauer errichtet, denn das Gestade konnte trotz seiner Ausdehnung
nicht alle Schiffe fassen; die Völker waren in einen zu
engen Raum zusammengedrängt; deshalb wurden die Schiffe
in mehreren Linien aufgestellt und nahmen das ganze lange
Ufer ein, welches die Vorgebirge einschlossen.“
Diese Stelle Homers erkläre ich mir so: die Schiffe wurden zwischen dem Vorgebirge Sigeum und der Mündung
des Skamander ans Land gezogen und erfüllten das ganze
trockene Ufer, so weit es möglich war, Schiffe aufzustellen;
denn die grossen Seen und tiefen Sümpfe zwischen der
Mündung des Skamander und dem Vorgebirge Rhöteum
erlaubten nicht, ein Lager aufzuschlagen. Ausserdem ist
die Entfernung zwischen den beiden Vorgebirgen, welche
Strabo irrthümlich zu sechszig Stadien oder 11100 Metern
angiebt, die aber in Wirklichkeit 5500 Meter oder dreissig
Stadien beträgt, nach der richtigen Bemerkung des Plinius
(V, 33) mit den Angaben Homers über die Ausdehnung
des griechischen Lagers in Widerspruch. So hält Agamem-

non z. B., auf dem Verdeck des Schiffes des Odysseus ste-
hend, mit aller Kraft seiner Stimme eine Rede, welche man
sowohl im Zelte des Ajax, am linken Ende, als auch in
dem des Achilleus, am rechten Ende vernimmt (*Ilias* VIII,
220—227).

Es ist wohl überflüssig zu bemerken, dass kein Mensch
die Worte eines andern in einer Entfernung von mehr als
einem Kilometer verstehen könnte.

Achilleus, am rechten Ende, hört den Hektor, am linken
Ende, rufen (*Ilias* XVI, 77—78). Wie kann ein menschlicher Ruf mehr als zwei Kilometer weit verstanden
werden?

Achilleus sieht von seinem Zelte, am rechten Ende, aus
den Nestor, am linken Ende (*Ilias* XI, 597—600). Nun
kann aber schwerlich jemand einen Menschen in einer Entfernung von zwei Kilometern erkennen, und gewiss nicht
in einer Entfernung von fünf ein halb Kilometern.

Ausserdem würde das griechische Lager, wenn es sich
von einem Vorgebirge zum andern ausgedehnt hätte, vom
Skamander, dem Kalifatli-Asmak und dem *In-Tepe-Asmak*
genannten Arm des Simois durchschnitten worden sein,
während bei Homer jede Andeutung darüber fehlt, dass
mitten durch das Lager ein Fluss gegangen sei.

Ein fernerer einleuchtender Beweis dafür, dass das
griechische Lager nicht den ganzen Raum zwischen den
beiden Vorgebirgen Sigeum und Rhöteum eingenommen
haben kann, liegt darin, dass nach Homer (*Il.* X, 428) die
Karier und Päonier, Troja's Hülfstruppen, am Meeresufer
ihr Lager hatten, und nach Vers 434 desselben Gesanges
die Thracier, ebenfalls kürzlich erst angekommene Bundes-
genossen der Trojaner, sich am Ende des Ufers befanden.

Das Schilf, welches Odysseus am Ufer fand (*Ilias* X,
467), und der Reiher, ein Sumpfvogel, den Odysseus und
Diomedes schreien hören (X, 274), lassen nicht bezweifeln,
dass schon zur Zeit des trojanischen Krieges am Meeresufer Sümpfe waren.

NEUNZEHNTES KAPITEL.

Von Neu-Ilium bis Sigeum sind, wie ich schon gesagt
habe, fünf Kilometer, eine Entfernung, die, wie ich oben,
wo ich von Bunarbaschi sprach, nachgewiesen zu haben
glaube, für die schnellen Bewegungen der Heere in der
ersten Schlacht sogar zu gross erscheint.

Bei Anbruch des zweiten Tages wird Idaios von den Trojanern ins griechische Lager geschickt, um einen Waffenstillstand vorzuschlagen, damit die Todten verbrannt werden
können (*Il.* VII, 381). Die versammelten Griechen willigen
ein; Idaios bringt diese Nachricht nach Troja zurück; die
Trojaner tragen die Leichname und Holz herbei; jetzt erst
geht die Sonne auf (VII, 421).

Am dritten Tage nach Sonnenuntergang (VIII, 485) lässt
Hektor die Trojaner sich am Ufer des Skamander lagern
(VIII, 489—490), und befiehlt, rasch von der Stadt Stiere
und Schafe herbeizuholen (VIII, 505—506), die man

sogleich von Troja bringt (VIII, 545—546). Aber diese
Thiere gehen nur langsam, besonders in der Nacht, und sie
kommen nichtsdestoweniger *schnell* an, καρπαλίμως. Der
Raum zwischen dem griechischen Lager und Troja muss
also sehr klein und der Skamander ganz nahe bei der
Stadt gewesen sein. Wie das alte Bett des Skamander
auch wirklich beweist, vereinigte sich dieser Fluss in
einer Entfernung von 1700 Metern von Ilium mit dem
Simoïs (Dumbrek-Su) und floss darauf nordwestlich dem
Meere zu.

Strabo (XIII, 1 S. 106 *Tauchnitzer Ausgabe*) bestätigt die
Vereinigung dieser beiden Flüsse ganz nahe bei Troja.

Der Skamander floss zwischen dem griechischen Lager
und Ilium, sodass die Griechen sich der Stadt nicht nähern
konnten, ohne die Furth des Flusses zu passiren, welche
Il. XIV, 433 und XXIV, 350 erwähnt wird. Ganz nahe bei
dieser Furth, in der Richtung auf Troja, war das Grabmal
des Ilus (XXIV, 349); Hektor, der mit seinem Heere auf
dem rechten Ufer des Skamander gelagert war (VIII, 560),
hielt Kriegsrath in der Nähe dieses Grabes (X, 415). Das
Grab des Ilus war auch ganz nahe bei dem Erineos oder
wilden Feigenbaum, sowie bei der Buche und dem skäischen Thore (XI, 166—170). Der Erineos stand unter den
Mauern Troja's (XXII, 145 und VI, 433—434):

Λαὸν δὲ στῆσον παρ᾽ ἐρίνεον, ἔνθα μάλιστα
Ἄμβατος ἔστι πόλις, καὶ ἐπίδρομος ἔπλετο τεῖχος.

„Stelle das Heer neben dem wilden Feigenbaume auf,
wo man die Stadt am leichtesten ersteigen und die Mauern
erstürmen kann."

Auf den 1700 Metern, welche die Mauern Trojas von der Furth des Skamander trennten, befand sich also zunächst die Buche und der wilde Feigenbaum unter, oder fast unter den Mauern, und das Grab des Ilus bei der Furth des Skamander.

Andererseits könnte die grosse Nähe des Skamander und des griechischen Lagers nicht besser bezeichnet werden, als durch die schönen Verse (*Il.* X, 11—13):

Ἤτοι ὅτ᾽ ἐς πεδίον τὸ Τρωϊκὸν ἀθρήσειεν,
Θαύμαζεν πυρὰ πολλά, τὰ καίετο Ἰλιόθι πρὸ
Αὐλῶν συρίγγων τ᾽ ἐνοπήν, ὅμαδόν τ᾽ ἀνθρώπων.

„Agamemnon blickt über die trojanische Ebene, und die grosse Zahl der vor Ilium angezündeten Feuer, der Ton der Schalmeien und Flöten, der Lärm der Krieger setzen ihn in Erstaunen."

Es war Nacht; das trojanische Heer lagerte am Ufer des Skamander (VIII, 490), zur Seite der griechischen Schiffe (VIII, 560); die Krieger hatten in ihrem Lager tausend Feuer angezündet (VIII, 562), und dies Lager war so nahe bei Troja, dass Homer sagen konnte, diese Feuer brannten vor Ilium (VIII, 561). Auch Agamemnon glaubte, wie aus den oben angeführten Versen sich ergiebt, die Feuer brennten vor Troja. Diese Auffassung ist ganz natürlich; denn vom Skamander bis zu den Mauern von Troja waren ja, wie ich schon oben angab, nur 1700 Meter. Andererseits war das troische Lager am Skamander so nahe bei dem griechischen, dass Agamemnon von seinem Zelte aus den Ton der Schalmeien und Flöten der Trojaner und ihren Kriegslärm hörte.

Diese eine Stelle bei Homer würde schon hinreichen, den groben Irrthum des Demetrios von Skepsis und des Strabo, Troja nach Ἰλιέων κώμη, 30 Stadien oder 5500 Meter über Neu-Ilium hinaus, also 11000 Meter vom griechischen Lager zu verlegen, vollständig zu beweisen.

Wer kann den Ton der Flöten und Schalmeien 11000 Meter weit hören? Da ausserdem das Lager der Trojaner am Ufer des Skamander 7250 Meter von Ἰλιέων κώμη entfernt wäre, so hätte Homer nicht wiederholt sagen können, die Feuer brannten vor Troja, wenn Troja diese Stelle eingenommen hätte.

Wenn es also vernunftwidrig ist, Troja nach Ἰλιέων κώμη zu verlegen, so ist es dies in noch höherem Grade, zu behaupten, Troja habe die Höhen von Bunarbaschi eingenommen, weil die Entfernung des trojanischen Lagers am Skamander bis Bunarbaschi ungefähr 11 Kilom. beträgt. Ich werde aber noch andere Beweise zur Unterstützung meiner Ueberzeugung beibringen, dass der Raum zwischen Troja und dem griechischen Lager sehr unbedeutend war.

Am vierten Tage, an welchem die dritte grosse Schlacht geliefert wurde, wird der Sonnenaufgang gemeldet (Il. XI, 1) und der Mittag (XI, 84—86). Am Nachmittage werfen die Griechen die Trojaner bis an das skäische Thor zurück (XI, 166—170), und werden ihrerseits wiederum bis an die Schiffe zurückgedrängt, wo ein furchtbarer Kampf beginnt (XII, 35; XIV, 439). Die Trojaner werden von neuem zurückgeworfen (XV, 6—8), und drängen zum zweiten Male die Griechen bis an die Schiffe zurück (XV, 343—345), wo ein furchtbares Gemetzel entsteht.

Patroklos treibt die Trojaner bis an die Mauern Troja's und versucht sogar drei Mal, sie zu ersteigen (XVI, 702);

die Griechen kämpfen bis zum Abend am skäischen Thore
(XVIII, 453).

Also auch in dieser dritten Schlacht überschreiten die
Griechen, wie in der ersten, an einem Nachmittage wenigstens vier Mal den Raum zwischen dem Lager und Troja,
trotz der langen Kämpfe bei den Schiffen, in der Ebene und
unter den Mauern Troja's.

Beim Beginn der letzten in der Iliade erzählten Schlacht
bewaffnen sich die Griechen in der Nähe ihrer Schiffe, und
die Trojaner „ἐπὶ θρωσμῷ πεδίοιο", d. h. *auf dem Hügel der
Ebene zwischen dem Simois und dem Skamander (Il.* XX,
1—3). Die Götter nehmen am Kampfe Theil, besonders
Minerva und Mars. Minerva feuert die Griechen durch
ihren Zuruf vom Walle hinter den Schiffen und vom Meeresufer an, während Mars die Trojaner zum Streite erregt,
indem er ihnen bald von der Höhe von Pergamus, bald von
Callicolone aus zuruft (*Il.* XX, 48—53):

> Αὖε δ' ᾿Αθήνη
> Στᾶσ' ὅτε μὲν παρὰ τάφρον ὀρυκτὴν τείχεος ἐκτός,
> Ἄλλοτ' ἐπ' ἀκτάων ἐριδούπων μακρὸν ἀύτει.
> Αὖε δ' Ἄρης ἑτέρωθεν, ἐρεμνῇ λαίλαπι ἶσος,
> Ὀξὺ κατ' ἀκροτάτης πόλιος Τρώεσσι κελεύων,
> Ἄλλοτε πὰρ Σιμόεντι θέων ἐπὶ Καλλικολώνῃ.

„Minerva rief, indem sie bald an dem Rande des vor
dem Walle der Griechen gezogenen Grabens sich aufhielt,
bald an dem widerhallenden Ufer. Von der andern Seite
stiess Mars, ähnlich der finstern Sturmwolke, ein helles Geschrei aus, den Trojanern bald von der Höhe der Stadt
gebietend, bald auf Callicolone, in der Nähe von Simois
laufend."

Diese schöne Stelle beweist von neuem, dass die Citadelle von Troja ganz in der Nähe von dem Hügel der Ebene
zwischen dem Simois und Skamander lag, und dann, dass
Callicolone einer von den schönen Hügeln im Osten von
Hissarlik ist, welche das reizende Thal begrenzen, durch
welches der Simois (Dumbrek-Su) von Osten nach Westen
fliesst.

Aus den Versen *Il.* V, 773—774 ergiebt sich, dass die
Vereinigung des Skamander und des Simois ganz nahe bei
Troja stattfand:

> Ἀλλ᾽ ὅτε δὴ Τροίην ἷξον ποταμώ τε ῥέοντε,
> ἧχι ῥοὰς Σιμόεις συμβάλλετον ἠδὲ Σκάμανδρος.

„Aber als die Göttinnen sich Troja und den beiden
Flüssen näherten, dort, wo die Fluthen des Simois mit
denen des Skamander sich vereinigen ...“

Wie gering der Raum zwischen dem griechischen Lager
und Troja war, ergiebt sich auch aus den Versen XXIV,
662 — 663:

> Οἶσθα γάρ, ὡς κατὰ ἄστυ ἐέλμεθα, τηλόθι δ᾽ ὕλη
> Ἀξέμεν ἐξ ὄρεος ...

„Denn Du weisst, wie wir in die Stadt eingeschlossen
sind, und fernher vom Gebirge das Holz holen müssen.“

Priamus bittet den Achilleus, einen Waffenstillstand auf
elf Tage für die Bestattung des Hektor zu bewilligen, denn
die Stadt sei durch die Belagerung zu sehr eingeschlossen,
und man müsse das Holz weither vom Gebirge holen. Er
hätte gar keinen Grund gehabt, hierüber zu klagen, wenn

die Stadt auf der Stelle von Ἰλιέων κώμη oder von Bunarbaschi gestanden hätte, denn die Trojaner würden dann
auf der Gebirgsseite von den Griechen nicht beunruhigt
worden sein.

Das soeben erwähnte Leichenbegängniss Hektors ver-
anlasst mich, an dieser Stelle zu bemerken, dass nach
Strabo (XIII, 1 S. 103 *Tauchnitzer Ausg.*) auf einem Hügel
zu Ophrynium das dem Hektor geweihte Wäldchen stand.
Ophrynium sucht man in Palaio Castron am Hellespont,
östlich von Rhöteum, bei den Quellen des Simoïs. Nach dem
im ganzen Alterthume verbreiteten Glauben soll Hektor in
diesem Wäldchen begraben worden sein. So lesen wir bei
Lykophron, dass Kassandra, die Zukunft vorausschauend,
zu Hektor sagte: „O, mein Bruder! meinem Herzen theuer,
Vertheidiger unserer Paläste und unseres Vaterlandes, Du
wirst nicht vergeblich die Altäre mit dem Blute der Stiere
geröthet und so viele Erstlinge und Opferthiere Dem dar-
gebracht haben, welcher die Throne von Ophion bestieg
Dieser Gott wird Dich in sein Geburtsland einführen, in
die gefeiertste Stelle Griechenlands. Du wirst die Inseln
der Seligen bewohnen, grosser Held, der Du bestimmt bist,
die Pfeile der Pest abzuhalten, wann das Volk des Ogyges,
— das einstmals Kadmos säete, als er von einer Schaar
Krieger gedrängt wurde, welche das Land, die Tempel und
die Paläste von Teneros verwüsteten, — gehorsam der
Stimme des Gottes der Heilkunst, Dich aus den Gräbern
von Ophrynium hinwegnehmen und in die Mauern von
Kalydnos, im Lande der Aonier, bringen wird.“ (Nach
Choiseul.)

Für diejenigen meiner Leser, welche nicht Philologen
sind, füge ich die Bemerkung bei, dass Lykophron ein be-

rühmter Grammatiker und Dichter war und zu Alexandria
in Egypten ums Jahr 280 v. Chr. unter der Regierung Pto-
lemäos II. Philadelphos lebte. Sein Gedicht Kassandra wird
als ein Wunder von Gelehrsamkeit angesehen, eine Frucht
langer und mühsamer Studien.

Virgil erzählt, dass Andromache sich wieder verheira-
thete, und zwar mit Priamos Sohne Helenos, welcher König
von Chaonien geworden war; ferner, dass sie, nicht fern von
der Stadt im Schatten eines heiligen Wäldchens, am Ufer
eines falschen Simoïs, der Asche Hektors feierliche Opfer
darbrachte, bei einem aus grünem Rasen errichteten Ke-
notaphion seine Manen beschwor, und am Fusse zweier
Altäre, welche ihr Thränen verursachten, weinte (*Aeneis*
III, 302—305):

> Ante urbem in luco falsi Simoentis ad undam
> Libabat cineri Andromache, Manasque vocabat
> Hectoreum ad tumulum, viridi quem cespite inanem
> Et geminas, causam lacrymis sacraverat aras.

Die in diesen beiden Stellen enthaltenen Andeutungen
stimmen vollkommen mit der Lage von Troja *(Neu-Ilium)*,
dem Simoïs *(Dumbrek-Su)* und dem Grabe Hektors im Wäldchen von Ophrynium *(Palaio Castron)*, nahe am Ufer des
Simoïs, überein.

Hektor wurde wie ein Gott verehrt (*Ilias* XXII,
393—394):

> Ἡράμεθα μέγα κῦδος· ἐπέφνομεν Ἕκτορα δῖον,
> ᾧ Τρῶες κατὰ ἄστυ, θεῷ ὣς εὐχετόωντο.

„Wir haben einen grossen Sieg davongetragen; wir
haben den göttlichen Hektor getödtet, den die Trojaner in
ihrer Stadt wie einen Gott verehrten."

Es ist deshalb nicht der geringste Zweifel, dass das Andenken an diesen göttlichen Helden, die einzige Stütze und
den· einzigen Ruhm des trojanischen Volkes, sich bei den
Nachkommen dauernd erhalten und sein Grab als Gegenstand der Verehrung durch die Tradition im ganzen Alterthum vollkommen bekannt sein musste. Ich protestire deshalb hier noch einmal gegen alle diejenigen, welche in
ihrem blinden Glauben an das Dogma von Bunarbaschi-
Troja behaupten, nach einunddreissig Jahrhunderten die
Lage von Hektors Grabe besser zu kennen, als man sie
neun Jahrhunderte nach seinem Tode gekannt hat, und die
Identität dieses Grabmals mit einem der drei Grabhügel
auf den Höhen von Bunarbaschi annehmen.

Als Achilleus noch kämpfte, stritt Hektor ganz nahe
an den Mauern Troja's und wagte es nicht, sich vom
skäischen Thore und der Buche zu entfernen (*Il.* IX, 352—
354). Seit Beginn des Krieges wagten die trojanischen
Frauen nicht mehr zur Stadt hinauszugehen, um ihre
Wäsche in den beiden Quellen zu waschen (*Il.* XXII,
153—156).

Hätte Troja auf der Stelle von Bunarbaschi, also vierzehn Kilometer vom griechischen Lager gelegen, so würde
Hektor sich auf eine gute Strecke von Troja haben entfernen können, ohne Gefahr zu laufen, dem Achilleus zu
begegnen; und die trojanischen Frauen hätten nach wie
vor ungestört ihre Wäsche in den beiden Quellen am Fusse
der Stadtmauer waschen können, ohne Gefahr, dabei von
den Griechen überrascht zu werden, die sie aus der Ferne
hätten sehen können. Da aber Troja ganz nahe beim griechischen Lager war, so fürchtete Hektor, von Achilleus
überfallen zu werden, und die Frauen konnten ihre Wäsche

nicht mehr waschen, ohne sich der Gefahr auszusetzen, in die Hände der griechischen Truppen zu fallen.

Die beiden Quellen, die eine heiss, die andere kalt, lagen ohne Zweifel in dem Sumpfe unmittelbar unterhalb Ilium auf der Nordseite, in demselben Sumpfe, in welchem Odysseus und Menelaus in Hinterhalt lagen (*Od.* XIV, 469—475). Man darf indess dem Verschwinden dieser beiden Quellen keine Bedeutung beilegen; denn heisse wie kalte Quellen sind immer zufällige Naturerscheinungen, welche in Troas, einem in hohem Grade vulkanischen und an heissen Quellen reichen Lande, in Folge der sehr häufigen Erdbeben plötzlich entstehen und wieder verschwinden. Frank Calvert hat beobachtet, dass in neuerer Zeit mehrere dieser heissen Quellen verschwunden und wieder erschienen sind. Erst vor drei oder vier Jahren war dies während eines Erdbebens mit den heissen und salzigen Quellen von Tongla der Fall, welche erst nach mehreren Monaten wieder zum Vorschein kamen. Die heisseste Quelle *in der Ebene von Troja selbst* liegt jetzt 2 Kilometer vom Dorfe Akchi-Kevi und hat eine beständige Temperatur von 22 ^{0}.

Am Fusse des Hügels von Hissarlik sind mehrere Quellen mit gutem Wasser. Der Hügel von Hissarlik ist, wie ich schon bemerkt habe, die Fortsetzung oder das äusserste Ende eines Bergrückens, der aber nicht, wie Strabo behauptet, unübersteiglich ist.

Die Stelle von Neu-Ilium, 5 Kilometer im Umfange, wird durch die Ringmauern, von denen man an manchen Stellen die Ruinen noch heute sieht, gut markirt. Die Abhänge, welche man auf- und absteigen muss, wenn man die Runde um die Stadt macht, sind so sanft, dass man im

Laufschritt über sie hinweg gehen kann, ohne der Gefahr
zu fallen ausgesetzt zu sein. Als Hektor und Achilleus dreimal um die Stadt liefen, legten sie also 15 Kilometer zurück,
und ein solcher Lauf hat nichts Ausserordentliches; denn
als ich in Japan in Gesellschaft von fünf japanischen Be-
amten die 38 Kilometer von Yokohama nach Yeddo durch-
eilte, folgten uns sechs Stallknechte zu Fuss, welche an
Schnelligkeit mit den Pferden wetteiferten.

Obgleich ich hinlänglich dargethan zu haben glaube,
dass Hissarlik in jeder Beziehung in vollständiger Uebereinstimmung mit allen Angaben steht, welche uns Homer
über Ilium liefert, so will ich doch noch hinzufügen, dass
man, so wie man den Fuss auf die trojanische Ebene setzt,
sofort beim Anblick des schönen Hügels von Hissarlik von
Erstaunen ergriffen wird, der von der Natur dazu bestimmt
zu sein scheint, eine grosse Stadt mit ihrer Citadelle zu tragen. In der That würde diese Stellung, wenn sie gut befestigt wäre, die ganze Ebene von Troja beherrschen, und
in der ganzen Landschaft ist kein Punkt, der mit diesem
verglichen werden kann.

Von Hissarlik aus sieht man auch den Ida, von dessen
Gipfel Jupiter die Stadt Troja überschaute (*Il.* VIII, 47—52).

ZWANZIGSTES KAPITEL.

Grab des Aesyetes. — Grabhügel der Batieia oder Grab der Amazone Myrine. — Udjek-Tepe kann nicht das Grab des Aesyetes sein. — Türkische Kirchhöfe voll alter Bildwerke. — In-Tepe oder Grab des Ajax. — Ruinen von Rhöteum. — Der Boden der Ebene von Troja kann nicht angeschwemmtes Land sein. — Grosse Seen am Meeresufer. — Reissende Strömung des Hellespont. — Grabhügel des Patroklus, Archilochus und Achilles. — Ruinen der Stadt Achilleion. — Die Stadt Sigeum. — Besuch und Opfer Alexanders des Grossen und Caracalla's am Grabe des Achilles.

Strabo (XIII, 1 S. 109 *Tauchnitzer Ausgabe*) führt noch als Beweis gegen die Identität von Neu-Ilium und dem Ilium des Priamus die Verse (*Il.* II, 791—794) an:

Εἴσατο δὲ φθογγὴν υἷϊ Πριάμοιο Πολίτῃ,
Ὅς Τρώων σκοπὸς ἷζε, ποδωκείῃσι πεποιθώς,
Τύμβῳ ἐπ' ἀκροτάτῳ Αἰσυήταο γέροντος,
Δέγμενος, ὁππότε ναῦφιν ἀφορμηθεῖεν Ἀχαιοί.

„Iris glich an Stimme Polites, dem Sohne des Priamus, der, im Vertrauen auf die Schnelligkeit seiner Füsse, als Wache oben auf dem Grabeshügel des alten Aesyetes sass, um zu erspähen, wann die Achäer aus den Schiffen hervorstürmen würden."

Strabo fügt hinzu: wenn Troja an der Stelle von Neu-Ilium gestanden hätte, so würde Polites die Bewegungen der Griechen bei den Schiffen besser von der Höhe von

Pergamus aus haben beobachten können, als vom Grabhügel des Aesyetes, welcher auf dem Wege nach Alexandria-
Troas, 5 Stadien (925 Meter) von Neu-Ilium liegt.

Wenn Strabo's Voraussetzung sich bestätigte, so hätte
er vollkommen Recht; aber er ist offenbar durch Demetrius
von Skepsis rücksichtlich der Identität dieses Grabhügels
mit dem Grabe des Aesyetes irregeführt worden. Strabo
sagt, dasselbe habe 5 Stadien (925 Meter) von Neu-Ilium,
auf der Strasse nach Alexandria-Troas gelegen, also im
Südwesten von Ilium, im Thale, auf der Hälfte Weges zwischen der Stadt und dem Skamander, und an dieser Stelle
entspricht es vollkommen der Lage des Grabhügels Batieia,
dem Grabe der Myrine, über welches sich bei Homer folgende schöne Verse finden (*Il.* II, 811—815):

Ἔστι δέ τις προπάροιθε πόλιος αἰπεῖα κολώνη
Ἐν πεδίῳ ἀπάνευθε, περίδρομος ἔνθα καὶ ἔνθα·
Τὴν ἤτοι ἄνδρες Βατίειαν κικλήσκουσιν,
Ἀθάνατοι δέ τε σῆμα πολυσκάρθμοιο Μυρίνης·
Ἔνθα τότε Τρῶές τε διέκριθον ἠδ᾽ ἐπίκουροι.

„Vor der Stadt, seitwärts in der Ebene, erhebt sich ein
steiler, freistehender Hügel, den die Menschen Batieia, die
Unsterblichen das Grab der gewandten Myrine nennen;
dort stellten sich gesondert die Trojaner und ihre Verbündeten auf."

Nach Strabo war diese Myrine eine der Amazonen
(*Strabo* XIII, 4 S. 147), welche Troja belagerten (*Ilias* III,
189—190; *Herodot* IX, 27).

Nach der Angabe „ἀπάνευθε", *seitwärts,* in der Ebene,
welche durch die Verbindung des Skamander und Simoïs

eingeschlossen wird, lag der Grabhügel der Myrina ausserhalb der Marschlinie der griechischen und trojanischen
Truppen, und so hat Homer nur einmal Gelegenheit gehabt,
von ihm zu sprechen, während er oft vom Feigenbaum und
der Buche spricht, weil sie auf dem Wege standen, den die
Heere durchzogen.

Die periodischen Ueberschwemmungen des Skamander
mögen allmälig den Grabhügel Batieia unterminirt und
weggespült haben, denn es ist keine Spur mehr von ihm
vorhanden.

Der Grabhügel Udjek-Tepe, in dem man ganz irriger
Weise das Denkmal des Aesyetes erkennen will, befindet
sich auch in der Richtung von Hissarlik nach Alexandria-
Troas, nicht 925, sondern 7000 Meter von Hissarlik, und
12000 Meter vom griechischen Lager. Mit blossem Auge
kann man selbst auf die Hälfte dieser Entfernung niemand
erkennen, und sogar die Schiffe erscheinen nur als kleine
Puncte.

Strabo's Irrthum ist verzeihlich, weil er nur die eigen-
nützigen Lügen des Demetrius von Skepsis wiederholt; un-
verzeihlich aber ist der Irrthum derjenigen, welche fest an
die Identität von Bunarbaschi und der Stelle von Troja
glauben, und selbst nachdem sie die Ebene von Troja und
Udjek-Tepe besucht haben, noch immer behaupten, dieses
Denkmal sei das Grab des Aesyetes, von wo aus Polites die
Bewegungen der Griechen bei den Schiffen erspähete. Ich
fordere alle diese Schriftsteller und Vertheidiger einer ver-
nunftwidrigen Annahme auf zu beweisen, dass jemals ein
Mensch auf eine Entfernung von 6 Kilometer (die Hälfte
des Weges von Udjek-Tepe nach dem griechischen Lager
bei Sigeum) einen andern erkennen könne. Ausserdem

13

beträgt die Entfernung von Bunarbaschi bis Udjek-Tepe
6 Kilometer, dagegen die von Bunarbaschi bis zum griechischen Lager 14 Kilometer. Es giebt wahrlich nichts
Absurderes, als sich einzubilden, Polites habe 12 Kilometer
(hin und zurück) gehen können, um 12 Kilometer statt 14
vom griechischen Lager zu sein.

Vielmehr müssen wir dem Grabe des Aesyetes seine
Stelle zwischen der Furth des Skamander und dem griechischen Lager anweisen; aber etwa 1 Kilometer nordöst-
lich oder südwestlich ausserhalb der geraden Linie zwischen
diesen beiden Puncten; denn hätte sich dasselbe auf dem
Schauplatze der Schlachten und der Heeresmärsche befunden, so würde es Homer öfter als einmal erwähnt haben.

Bei dieser Gelegenheit will ich noch die Bemerkung
machen, dass der Grabhügel Udjek-Tepe, *das falsche Grab
des Aesyetes*, welches ich besucht habe, wie alle Grabhügel
der trojanischen Ebene, von kegelförmiger Gestalt ist; er
hat 25 Meter Höhe und 130 im Durchmesser an seiner
Grundfläche.   Man kann sich eine Vorstellung von der
Grösse dieses Grabmals machen, wenn man nach der Bemerkung von Lenz bedenkt, dass die höchsten Häuser von
Paris nicht über 22 Mêter hoch und wenige über 22 Meter
lang und breit sind.

Erst um drei Uhr Nachmittags brach ich mit meinem
Führer und den Arbeitern auf.   Wir passirten die Dör-
fer Kalifatli und Kum-Kevi, deren Kirchhöfe, nach Art von
Grabdenkmälern, eine Menge Säulen und Bildwerke jeder
Art enthalten, die man von der Stelle Neu-Iliums genom-
men hat.

Hierauf folgten wir dem Laufe des In-Tepe-Asmak,
welcher, wie ich schon gesagt habe, der Hauptarm des

Dumbrek-Su (Simoïs) ist, und bei seiner Wendung gegen
Norden den Namen *In-Tepe-Asmak* von dem Grabe des
Ajax erhält, welches *In-Tepe* genannt wird, in dessen Nähe
er sich ins Meer ergiesst.

Dieser 600 Meter vom Ufer liegende Grabhügel ist aus
Erde aufgeworfen. Man hat ihn geöffnet und in seinem untern Theile einen langen, 1 Meter 17 Centimeter hohen und
ebenso breiten gewölbten Gang aus Ziegelsteinen entdeckt;
im obern Theile sieht man zwei Mauern, Reste eines kleinen, runden Tempels von 3 Meter 34 Centimeter im Durchmesser.

Nach Strabo (XIII, 1 S. 103 *Tauchnitzer Ausg.*) enthielt
dieser Tempel eine Statue des Ajax, welche Marcus Antonius
wegnahm und der Kleopatra schenkte; Octavius Augustus
gab sie den Rhöteern zurück.

Das Mauerwerk ist augenscheinlich römisch. Wir lesen
auch wirklich bei Philostratus (*Heroïka* I), dass dieser kleine
Tempel vom Kaiser Hadrian wiederhergestellt worden ist.
Plinius (V, 33) erwähnt, dass in der Nähe dieses Grabes die
Stadt Aeantium gestanden hatte, welche zu seiner Zeit schon
nicht mehr vorhanden war. Der Ufersand hat wahrscheinlich die Ruinen dieser Stadt verschüttet, denn man sieht
von ihr keine Spur mehr.

Auf dem höchsten Hügel des Vorgebirges Rhöteum, welches sich ungefähr 50 Meter über den Meeresspiegel erhebt, scheint die Stadt Rhöteum „Ῥοίτειον πόλις“ gelegen zu
haben, denn der Gipfel ist mit zahlreichen Bruchstücken
von Ziegeln und Töpferwaaren bedeckt.

Von hier aus folgte ich der Küste in westlicher Richtung
nach dem Vorgebirge Sigeum zu, indem ich immer auf-

13 *

merksam die Beschaffenheit des Bodens untersuchte, um
zu sehen, ob er, wie Strabo behauptet, erst nach dem trojanischen Kriege aus angeschwemmtem Lande entstanden sein
könne. Die stufenweise Erhebung des ganzen Abhanges
der In-Tepe-Kette liess mich sofort die Annahme zurückweisen, dass dort jemals habe ein Meerbusen sein können,
und ich wurde vollkommen von der Richtigkeit meiner
Ansicht überzeugt, als ich die hohen und steilen Ufer des
kleinen Flusses In-Tepe-Asmak und des Baches Kalifatli-
Asmak, nahe ihrer Mündung, auf einem sumpfigen Terrain sah.

Wäre dieses Terrain aus den Anschwemmungen der
Flüsse entstanden, so könnten die Ufer dieser Flüsse nicht
eine senkrechte Höhe von 2 bis 4 Metern an Stellen haben,
wo der Boden sumpfig und weich ist. Ausserdem sind
auch die grossen, ungeheuer tiefen Salzseen am Ende der
Ebene entschieden gegen die Annahme, dass die Ebene von
Troja, ganz oder theilweise, durch Anschwemmung entstanden sein könne; denn wenn die Flüsse durch Anschwemmungen zur Bildung der Ebene beigetragen hätten,
so würden diese Seen zuerst ausgefüllt worden sein. Die
grosse Stomalimne, von welcher Strabo spricht (XIII, 1
S. 103 *Tauchnitzer Ausgabe*), ist noch vorhanden, und heute
ohne allen Zweifel weder grösser noch kleiner, als zu
Strabo's Zeit, denn das Wasser, welches durch Verdunstung
aus der Lagune verloren geht, wird sofort durch das Eindringen des Meerwassers ersetzt; ausserdem führt die Strömung des Hellespont mit der Geschwindigkeit von drei
Knoten in der Stunde alles fort, was die Flüsse anschwem-
men, und setzt es bei den Untiefen links am Ausgange des
Hellespont ab, einige Kilometer von der Ebene von Troja,

und diese Strömung hat jederzeit ein Zunehmen der Küste verhindern müssen.

So ist die Behauptung Strabo's, dass der ganze zwischen der Küste und Hissarlik befindliche, folglich 4 Kilometer lange und ebenso breite Bodenraum, nach Homers Zeiten durch Anschwemmung entstanden sei, eine abgeschmackte Hypothese; es ist nichts weiter als eine von Demetrius von Skepsis erfundene Erdichtung, um zu beweisen, dass Neu-Ilium nicht das alte Troja sei.

Ich ging auf einer hölzernen Brücke über den Skamander, welcher nach seiner Mündung zu ein sehr breites und tiefes Bett hat und selbst im August ziemlich wasserreich ist. Auf seinem rechten Ufer ist ein künstlicher, kegelförmiger Hügel von 11 Meter Höhe und 40 Meter im Durchmesser an seiner Grundfläche, den man aufgegraben hat, ohne etwas gefunden zu haben.

Man zeigte mir einige Meter von diesem Denkmale eine kaum bemerkbare Bodenerhöhung, mit der Bemerkung, dass an dieser Stelle ein ähnlicher kegelförmiger Hügel gewesen wäre, den man, um Platz zu gewinnen, weggeräumt habe. Diese beiden Grabhügel deckten wahrscheinlich die Asche des Patroklus und Antilochus.

Zwei Kilometer weiter, am Ende der Ebene, auf einem kleinen, auf der einen Seite 8, auf der andern 17 Meter hohen Hügel, befindet sich ein anderer grösserer Grabhügel, welcher 53 Meter im Durchmesser an seiner Grundfläche hat, während seine Höhe in Folge der dort unternommenen Ausgrabungen um 8 Meter 34 Centimeter abgenommen hat. Dieses Grab wird mit Recht dem Achilles zugewiesen, denn seine Lage entspricht vollkommen den Worten, welche der

Schatten des Agamemnon an den des Achilles in der Unterwelt richtet (*Od.* XXIV, 80—84):

'Αμφ' αὐτοῖσι δ' ἔπειτα μέγαν καὶ ἀμύμονα τύμβον
Χεύαμεν 'Αργείων ἱερὸς στρατὸς αἰχμητάων
'Ακτῇ ἐπὶ προὐχούσῃ, ἐπὶ πλατεῖ 'Ελλησπόντῳ
"Ως κεν τηλεφανὴς ἐκ ποντόφιν ἀνδράσιν εἴη
Τοῖς, οἳ νῦν γεγάασι, καὶ οἳ μετόπισθεν ἔσονται.

„Ueber der Urne errichteten wir, das heilige Heer der
tapfern Griechen, ein untadliges Grabmal an dem Ufer,
welches in den breiten Hellespontos vorspringt, damit es
weithin sichtbar sei im Meere denen, die jetzt geboren sind,
wie denen, die später werden geboren werden."

Unmittelbar im Süden von diesem Grabhügel ist der
Boden mit Trümmern von Ziegeln und Töpferwaaren der
alten Stadt Achilleion bedeckt, welche von den Mitylenäern
erbaut wurde (*Strabo* XIII, 1 S. 110 *Tauchnitzer Ausgabe*).
Die Einwohner dieser Stadt führten viele Jahre hindurch
mit den Athenern Krieg, welche die Stadt Sigeum inne
hatten, die in einer Entfernung von 1 Kilometer auf dem
Gipfel des gleichnamigen Vorgebirges lag. Nach Strabo
wurden beide Städte von den Einwohnern von Neu-Ilium
zerstört. Zu seiner Zeit waren noch Ruinen von Sigeum
vorhanden; da aber die neue Stadt Yenitscheri auf seiner
Stelle erbaut worden ist, so ist jede Spur von Sigeum verschwunden. Auch Plinius (V, 33) bestätigt das Verschwinden von Sigeum und Achilleion.

Die Einwohner von Neu-Ilium brachten Todtenopfer
nicht nur an den Gräbern des Achilles, des Patroklus und
Antilochus, sondern auch am Grabe des Ajax dar (*Strabo*

XIII, 1 S. 104). Alexander der Grosse opferte hier im
Tempel des Achilles, welcher auf derselben Küste siegreich
gewesen war, wo er, Alexander, gelandet war, um sich
Kriegsruhm zu erwerben *(Plutarch, Leben Alexander's;
Cicero pro Archia, 10; Aelian V. H. 12, 7)*. Caracalla
brachte mit seinem Heere dem Achilles Todtenopfer dar
und veranstaltete Wettläufe um sein Grab (*Dio Cassius*
LXXVII, 16).

Aus einer Stelle des Herodian (IV, S. 142) scheint sich
zu ergeben, dass der Kaiser Caracalla, als er dieses Grab
besuchte, auch seinen Patroklus haben wollte, um ein ähn-
liches Leichenbegängniss, wie Achilles für seinen Freund
veranstaltete, feiern zu können. Festus, der vertraute
Freund des Caracalla, stirbt plötzlich, und Herodian scheint
anzudeuten, dass er an Gift stirbt, denn er sagt: „Ὡς μέν
τινεσ ἔλεγον φαρμάκῳ ἀναιρεθείς.‟ Sofort wird ein glänzen-
des Leichenbegängniss für ihn veranstaltet mit genauester
Beobachtung aller der Feierlichkeiten, welche schön und
ausführlich im 23. Gesange der Iliade von Achilles für
Patroklus beschrieben sind. Sodann lässt Caracalla über
der Asche des Festus einen kegelförmigen, dem des Patroklus ähnlichen Grabhügel errichten. Ich finde ihn in dem
Agios Demetrios Tepe genannten Grabhügel wieder, auf dem
hohen Gestade des ägeischen Meeres, 4 Kilometer im Süden
von Sigeum, und kann mich nur wundern, dass Mauduit
den In-Tepe-Hügel für dieses Grabmal hält, welches die
Tradition als das Grab des Ajax bezeichnet. Er hat sich
durch das darin befindliche römische Mauerwerk irreleiten
lassen, welches ohne allen Zweifel von der schon erwähnten
Wiederherstellung durch Hadrian herrührt.

Um noch einmal auf das grosse, am Ende des Vor-

gebirges Sigeum liegende Grab zurückzukommen, so hatte
man im ganzen Alterthume die Ueberzeugung, dass es das
Grab des Achilles wäre, und diese Ueberzeugung gründete
sich ebensosehr auf die vollkommene Uebereinstimmung
der Lage dieses Grabhügels mit der Stelle vom Lager des
Achilles am rechten Ende der Ebene, wie auf die sich beständig gleichbleibende Tradition unter den Bewohnern des
Landes.

EINUNDZWANZIGSTES KAPITEL.

Die Stadt Yenitscheri. — Schöne Rundsicht auf die Ebene von Troja.
— Schlaflosigkeit auf dem Dache eines Stalles. — Grab des Festus
— Alter Kanal. — Ruinen. — Neochorion. — Der liebenswürdige
Demarch Georgios Mengiussis und der gelehrte verkrüppelte Kauf-
mann A. Kolobos. — Beschika-Tepe. — Udjek-Tepe soll das Grab
des Propheten Elias sein. — Ruinen einer Stadt. — Inschrift. —
Rückkehr nach Bunarbaschi.

Nun begab ich mich nach der Stadt Yenitscheri auf dem
Vorgebirge Sigeum, dessen Plateau sich ungefähr 80 Meter
über den Meeresspiegel erhebt. Von hier geniesst man eine
herrliche Aussicht über die ganze trojanische Ebene. Als
ich mit der Iliade in der Hand auf dem Dache eines Hauses
stand und hinausschaute, war mir, als sähe ich unter mir
die Flotte, das Lager und die Versammlungen der Griechen,
Troja und die Feste Pergamus auf dem Plateau von
Hissarlik, die Märsche und Gegenmärsche und die Kämpfe
der Truppen in der Ebene zwischen der Stadt und dem
Lager.

Zwei Stunden hindurch liess ich so die Hauptbegebenheiten der Iliade an mir vorübergehen, bis die Dunkelheit
und heftiger Hunger mich zwangen hinabzusteigen.

Ich ging in ein Kaffeehaus und entliess die fünf Arbeiter; gegen meine Erwartung hatte ich keine Gelegenheit
gehabt, sie in Hissarlik zu gebrauchen; denn ohne auch

nur Ausgrabungen zu versuchen, hatte ich die volle Ueberzeugung gewonnen, dass hier das alte Troja gestanden;
auch war für grosse Ausgrabungen die Jahreszeit nicht
günstig, weil im August das Klima in der Ebene pestilen-
zialisch und der Boden zu trocken ist. April und Mai sind
die beste Zeit.

Da ich seit sechs Tagen nichts als schwarzes Gerstenbrod und Wasser genossen hatte, verlangte ich im Kaffee-
hause Fleisch. Man brachte schnell ein Huhn herbei, und
wollte es zubereiten. Aber das arme Thier schien sein
Schicksal zu ahnen und fing so heftig zu schreien an, dass
ich Mitleid mit ihm hatte und mich erbot, das Geld dafür
zu bezahlen, wenn man es in Freiheit setzte. Trotzdem
erhielt ich eine recht gute Abendmahlzeit, denn man
brachte mir acht Eier, frisches Brod und Wein. Letzterer
war von der benachbarten Insel Tenedos importirt, da man
in der Ebene von Troja den Anbau des Weinstocks völlig
vernachlässigt.

Man hatte für mich in einer gut aussehenden Stube ein
Bett zurecht gemacht. Als ich aber auch hier die Wände
voller Wanzen fand, dieser Geissel Kleinasiens, mochte ich
nichts davon wissen und schlug auf dem Dache eines
Stalles mein Lager auf. Kaum aber hatte ich mich nieder-
gelegt, so fielen Tausende von Flöhen über mich her, die
mir die ganze Nacht hindurch keinen Augenblick Ruhe
liessen.

Am folgenden Tage um 5 Uhr Morgens reiste ich gegen
Süden ab, indem ich immer den Höhen auf der rechten
Seite der Ebene folgte. Ungefähr 4 Kilometer von Yenitscheri, am Ufer des ägeischen Meeres, kam ich an einem
andern kegelförmigen Grabhügel vorbei, der jedenfalls noch

nicht aufgegraben worden war, und wie ich schon gesagt habe, nach meiner Meinung das Grab des Festus ist.

Das Ufer hat an dieser Stelle 33 Meter Höhe. Der Grabhügel ist 15 Meter hoch und hat 53 Meter im Durchmesser an seiner Grundfläche.

Unmittelbar darauf passirte ich einen 1 Kilometer langen, alten künstlichen Kanal; der mitten durch das Vorgebirge in den Felsen gegraben ist. Jetzt liegen wohl 5 Meter Erde im Bette dieses Kanals, der seit Jahrhunderten aufgegeben zu sein scheint; seine Ufer mögen ursprünglich eine Höhe von 33 Metern gehabt haben.

Ein wenig weiter kam ich an einen flachen Hügel von 14 Meter Höhe, der in einer Ausdehnung von 166 Meter Länge bei 40 Meter Breite mit den cyklopischen Ruinen eines grossen Gebäudes, einer Citadelle oder eines Tempels bedeckt war.

Darauf passirte ich das schöne und grosse griechische Dorf Neochorion und kehrte in dem Hause des Demarchen Georgios Mengiussis, eines sehr liebenswürdigen und interessanten Mannes, ein, der sich beeilte, mir das Dorf und mehrere alte Bildwerke von vollendeter Ausführung zu zeigen, die er einige hundert Meter von seinem Hause bei Ausgrabungen am Abhange des Meeresufers entdeckt hatte. Jedenfalls hat im Alterthume am Ufer unterhalb Neochorion, und vielleicht sogar auf der Stelle dieses Dorfes, eine Stadt gestanden.

An dem Kaufmann Constantin A. Kolobos fand ich eine zweite sehr interessante Persönlickeit, ein wahres Wunder von Gelehrsamkeit für dieses Land. Er spricht und schreibt vollkommen Italienisch und Französisch und versteht alle alten griechischen Schriftsteller so gut, dass es fast Staunen erregt. Seine Gelehrsamkeit ist mir um so unerklärlicher, als er sie sich durch eigene Studien erworben hat, da er an beiden Beinen verkrüppelt ist und noch nie sein Dorf verlassen hat. Weder sein unglücklicher Zustand, der ihn zwingt, immer zu sitzen und sich tragen zu lassen, noch seine Gelehrsamkeit verhindern ihn, Handel zu betreiben, durch den er sich bereits ein grosses Vermögen erworben hat.

Ungefähr 6 Kilometer weiter gelangten wir an einen andern Grabhügel von 12 Meter Höhe und 50 Meter im Durchmesser an der Grundfläche, welcher Beschika-Tepe heisst und ebenfalls noch nicht aufgegraben ist. Von hier wandten wir uns nach Osten, um den schon beschriebenen künstlichen Kanal zu besichtigen, welcher das Wasser des Bunarbaschi-Su ins ägeische Meer leitet.

Dann besuchten wir den Grabhügel Udjek-Tepe, den *falschen Grabhügel des Aesyetes.*

Ich habe bereits früher die ungeheuren Ausdehnungen dieses Grabhügels angegeben, der allein den Raum eines grossen Kirchhofs, wie sie bei uns gebräuchlich sind, einnehmen würde. Da er auf einem hochliegenden Terrain errichtet ist, so sieht man ihn vom Meere aus in weiter Entfernung.

Dieser Grabhügel ist noch von Niemandem aufgegraben worden; doch bemerkt man Höhlen von Wölfen und Füchsen darin. Er wird von den griechischen Bauern Μνῆμα Ἰλίου genannt, da sie, durch die Aehnlichkeit des Namens getäuscht, glauben, der Prophet Elias sei darin begraben, und jedes Jahr kommt man am Feste dieses Heiligen in Schaaren, um an dem Grabe Gebete zu verrichten und Todtenopfer darzubringen, wie es die in grossen Massen

vorhandenen Trümmer von Töpfergeschirr und die zahlreichen Feuerspuren auf dem Gipfel des Grabhügels bezeugen.

Ein Kilometer südlich kam ich an den Ruinen einer
alten Stadt vorbei, welche schön und blühend gewesen zu
sein scheint, denn ich fand dort zahlreiche Bruchstücke von
marmornen Säulen und Bildwerken, ausserdem eine griechische, in einen Marmorblock eingegrabene Inschrift, die
gegen das Ende der römischen Republik zurückzureichen
schien. Unglücklicher Weise konnte ich sie nicht mitneh-
men, denn der Marmorblock war zu gross und die Inschrift
zu lang, um in wenigen Stunden eine genügende Abschrift
zu nehmen.

Von hier kehrte ich nach Bunarbaschi zurück und übernachtete abermals auf dem Felsen neben den 34 oder 40
Quellen.

ZWEIUNDZWANZIGSTES KAPITEL.

Neuer Besuch in Hissarlik. — Ophrynium. — Abreise hach Alexan-
dria-Troas. — Eichenwald. — Grossartige Ruinen von Alexandria-
Troas. — Alter Hafen. — In die Säulen eingehauene Kanonen-
kugeln. — Musicirende Karren. — Das Dorf Ujik. — Der Dieb
Topal. — Rückkehr nach Neochorion. — Meine Klage. — Abreise.
— Grosse Anzahl von Schildkröten in der Ebene von Troja. —
Rückkehr nach den Dardanellen. — Scheussliche Unsauberkeit im
Gasthofe. — Frank Calvert's herrliche Alterthümersammlung.

Am folgenden Tage, den 16. August, brach ich abermals
mit meinem Führer auf, um noch einmal Hissarlik zu besuchen, von wo wir zu dem herrlichen Thal des Dumbrek-
Su (Simoïs) hinaufstiegen bis zu den Ruinen von Palaio-
Castron, dem alten Ophrynium, Hektors Grabstätte.

Wir folgten darauf dem Laufe des Dumbrek-Su, der
sich unter Kieseln und Sand oberhalb des Dorfes Halik-Eli
verliert, unterhalb desselben aber wiedererscheint. Hier
zweigt sich ein Bach von ihm ab, welcher durch den Sumpf
auf der Nordseite von Hissarlik fliesst und sich mit dem
kleinen Flusse Kalifatli-Asmak, in der Nähe des Dorfes
Kum-Kevi, vereinigt, während, wie ich schon bemerkt
habe, der Hauptarm des Dumbrek-Su von Halil-Eli zunächst gegen die Hügelkette von Rhöteum nach Westen
fliesst und dann eine Krümmung mit der Wendung nach
Norden macht. Der schon erwähnte künstliche Kanal ver-

bindet ihn in dieser Krümmung mit dem Kalifatli-Asmak. Er scheint auf diesem Wege viel Wasser aufzunehmen, denn von hier aus wird sein Bett breiter und tiefer. Seine Ufer sind sehr hoch und steil an seiner Mündung, welche die Form eines kleinen Hafens hat und deshalb Haranlik-Liman genannt wird.

Ich besuchte abermals die Mündung dieses Flusses und die des Kalifatli-Asmak, um noch einmal mit der grössten Aufmerksamkeit die Ufer derselben zu untersuchen, und mehr als jemals überzeugt, dass diese Ebene auf keinen Fall aus den Anschwemmungen dieser Flüsse entstanden sein kann, kehrte ich am Abend mit meinem Führer nach Bunarbaschi zurück und übernachtete von neuem an den Quellen.

Am folgenden Tage, den 17. August, ging ich 5 Uhr Morgens mit meinem Führer nach Alexandria-Troas, jetzt Iskistambul genannt.

Diese von Antigonus gegründete und von ihm *Antigonia* benannte Stadt wurde von Lysimachus vergrössert und verschönert, der zu Ehren Alexanders des Grossen ihr den Namen Alexandria-Troas gab. Sie liegt an der Küste des ägeischen Meeres, süd-südwestlich von der Ebene von Troja und ungefähr 20 Kilometer von Bunarbaschi.

Der Weg führte uns zuerst durch unbebaute, mit wilden Eichen und Fichten bedeckte Gegenden, dann durch schöne Eichenwälder, welche gleichfalls auf der Stelle der alten Stadt stehen. Ehe wir die Stadt selbst erreichten, kamen wir über mehrere türkische Kirchhöfe, deren Gräber alle mit prächtigen, aus Alexandria-Troas weggeführten Marmorbildwerken geschmückt sind.

Die 10 Meter breiten Stadtmauern bestehen aus zwei Reihen von Quadersteinen, unter denen viele 2 Meter 66 Centimeter Länge bei 1 Meter 34 Centimeter Breite haben. Der Raum zwischen diesen beiden Steinreihen wird durch ein Mauerwerk von kleinen Steinen und Ziegeln ausgefüllt. Mehrere Stadtthore sind noch an deutlichen Spuren zu erkennen. Bei jedem Schritt in der Stadt selbst trifft man auf Ruinen grosser Gebäude, und wenn der dichte Eichenwald nicht hinderlich wäre, so würde die Aussicht eine der herrlichsten und interessantesten sein.

Unter diesen Ruinen zogen besonders die von zwei runden Thürmen meine Aufmerksamkeit auf sich, welche jedenfalls zu einem Palaste gehört haben, ferner die Ueberreste einer ungeheuren Badeanstalt, von nicht weniger als 350 Meter Länge bei ebenso grosser Breite, deren Mauern 6 Meter 66 Centimeter dick sind und mehrere Bogen von 10 Meter Durchmesser enthalten.

Im Walde findet man hunderte von Marmorsäulen, theils liegen sie auf der Erde, theils stehen sie aufrecht. Sie lassen auf die ehemalige Pracht von Alexandria-Troas schliessen. Nach der Ausdehnung der Ruinen zu urtheilen, mag die Stadt eine Bevölkerung von 500,000 Seelen gehabt haben.

Nachdem ich sie in allen Richtungen durchwandert hatte, kam ich nach dem kleinen türkischen, mit der alten Stadt gleichnamigen Dorfe *Iskistambul*, und kehrte im Hause eines Türken ein, um zu frühstücken. Der brave Mann beeilte sich, mir Brod, Ziegenkäse, Eier, Rosinen, Melonen und Quellwasser vorzusetzen. Ich hatte gewaltigen Appetit, der durch den Anblick der äussersten, im Hause herrschenden Reinlichkeit noch gesteigert wurde. Für die Mahlzeit zahlte ich dem braven Türken 1 Fr. 40 Cent. Er war da-

mit so zufrieden, dass er sich mir als Führer nach dem alten
Hafen von Alexandria-Troas anbot.

Die Ausdehnung dieses kreisförmigen Hafens wird durch
die Ruinen eines alten Duanenmagazins und anderer Bauwerke, sowie durch zahlreiche Säulen genau bezeichnet;
sein Durchmesser kann nicht über hundert Meter betragen
haben, und man begreift in der That nicht, wie dieser lili-
putanische Hafen für eine so grosse Stadt ausgereicht haben
soll. Da der Eingang des Hafens auf der Meeresseite jetzt
durch Sand verstopft ist, so ist nur noch ein kleiner Teich
übrig.

Gegen 1 Uhr Nachmittags ging ich vom Dorfe Iskistambul in der Richtung der Ebene von Troja weiter ab, wo ich
die Nacht zuzubringen gedachte.

Als ich dem Meeresufer entlang ging, sah ich eine ungeheure Menge Kanonenkugeln von Granit und Marmor,
33 bis 67 Centimeter im Durchmesser, welche, wie in den
Arsenälen, in Haufen geschichtet waren. Diese Kugeln sind
von den Türken aus den Säulen von Alexandria-Troas geschnitten worden.

Der Weg führte uns fast fortwährend durch unbebaute,
mit wilden Eichen und Fichten bedeckte Felder.

Gegen halb fünf Uhr kam ich durch das nur von acker-
bautreibenden Türken bewohnte Dorf Gikly, das auf der
Stelle einer alten Stadt zu liegen scheint, denn in den
Mauern der Brunnen, Häuser und Scheidewände sah ich
überall Trümmer von Bildwerken; indess können diese
auch von Alexandria-Troas hierhergebracht worden sein.

Die Einwohner des Dorfes waren gerade dabei, Korn
zu dreschen und zu reinigen; Männer, Frauen und Kinder,
alle waren bei dieser Arbeit. Für den Transport der Lasten

14

bedienen sie sich zweirädriger Karren, deren Räder keine
Felgen haben und aus einer mit einem eisernen Bande ein-
gefassten Scheibe bestehen. Wie es scheint, werden die
Achsen dieser Karren nicht geschmiert, denn sie machen,
selbst in weiter Entfernung, eine die Ohren zerreissende
Musik.

Mein Pferd war dermassen ermüdet, dass ich nur mit
Mühe gegen neun Uhr Abends zum Dorfe Ugik gelangte,
wo ich gezwungen wurde die Nacht zu bleiben. Auch hatte
ich viele Gründe, mich über meinen Führer zu beklagen,
der mich bei jeder Gelegenheit zu betrügen suchte. Ausserdem wünschte ich sobald wie möglich nach den Dardanellen
zurückzukehren und suchte deshalb für den Morgen des
folgenden Tages einen neuen Führer und zwei Pferde, aber
alle meine Bemühungen waren vergeblich.

Endlich stellte sich mir ein Mann Namens Topal vor
und sagte, er hätte für mich zwei gute Pferde gefunden,
man fordere aber 50 Piaster, und er selbst beanspruche im
Voraus ein Trinkgeld von 10 Piastern. Da meine Geduld
zu Ende war, so nahm ich das Anerbieten an und bezahlte die 10 Piaster. Ich legte mich auf der Strasse vor
einem Hause nieder, war aber kaum eingeschlafen, als derselbe Mensch zurückkam und auch die 50 Piaster im Voraus
verlangte, da ich sonst am folgenden Tage die Pferde nicht
bekommen könnte.

Da ich mir nicht anders helfen konnte, so bezahlte ich
die 50 Piaster und schlief wieder ein. Halb zwei Uhr Morgens kam er wieder, weckte mich und sagte, die beiden
Pferde ständen auf einem benachbarten Hofe bereit und
lud mich ein, ihm zu folgen. Er führte mich in einen Hof,
wo ich allerdings einen Menschen und ein Pferd fand. Auf

meine Frage, wo das andere Pferd wäre, antwortete er mir:
auf dem benachbarten Hofe, und verschwand. Der andere
Mann band meine Reisetasche an das Pferd, und da erkannte
ich trotz der Dunkelheit, dass dies der nämliche Schurke
und die nämliche elende, abgemattete Rosinante waren, die
mir seit mehreren Tagen soviel Verdruss verursacht hatten,
und dass kein zweites Pferd da war.

Nun sah ich wohl ein, dass mich ein Spitzbube betrogen
hatte; da er aber verschwunden war, so fiel ich über den
andern Menschen her, der sein Mitschuldiger sein musste,
und durch viele Drohungen gelang es mir, von ihm 48 Piaster
zu erhalten, die ganze Summe, welche er nach seiner Behauptung von dem andern bekommen hatte.

Vor Allem wollte ich mich nun an dem Spitzbuben
rächen, und nachdem ich für zehn Piaster einen Strassenjungen gemiethet hatte, um meine Reisetasche zu tragen,
machte ich mich 3 Uhr Morgens nach dem 9 Kilometer entfernten Dorfe Neochorion zu Fuss auf den Weg, um dort
meine Klage anhängig zu machen. Ich musste am Fusse
des Grabhügels Udjek-Tepe vorbei, dessen ungeheure Ausdehnungen die Finsterniss noch zu vergrössern schien.

Wir liefen so schnell, dass wir um 4 Uhr, in Schweiss
gebadet, zu Neochorion ankamen, wo ich in einem Kaffee-
hause einkehrte.

In Eile verfasste ich eine Klageschrift in griechischer
Sprache und überreichte sie dem liebenswürdigen Demar-
chen Georgios Mengiussis, mit der Bitte, den Bösewicht
Topal gefänglich einzuziehen, ihn zur Herausgabe der 12
gestohlenen Piaster zu zwingen, und sie an die Armen des
Dorfes zu vertheilen.

Der Demarch entgegnete mir, er werde sogleich einen

14 *

Gendarmen schicken, um den Schurken zu verhaften, denn
er stände in grossem Verdacht, mehrere Viehdiebstähle be-
gegangen zu haben, und in Folge meiner Anzeige wäre kein
Zweifel über seine Strafbarkeit wegen jener Diebstähle.

Ich schloss darauf mit dem Kaffeewirth Georgios Tirpos
den Vertrag, dass er mir für 27 Piaster ein Pferd bis Rinkoi
leihen und mich auf einem Esel dorthin begleiten sollte.

Wir ritten durch die Ebene von Troja und über die
Höhen des Vorgebirges Rhöteum. So hatte ich noch einmal
die Freude, den Skamander, Kalifatli-Asmak und Simoïs zu
passiren und aus der Ferne Hissarlik, die Gräber des Ajax,
Achilles, Patroklus u. s. w. zu sehen.

Als ich das hochliegende Terrain jenseits Troja passirte, sah ich seitwärts vom Wege einen 30 Centimeter
langen und 16 Centimeter breiten Stein mit einer langen
griechischen Inschrift, von der unglücklicher Weise die
Hälfte fehlte. Ich brauche nicht erst zu bemerken, dass
ich ihn trotzdem mitnahm, um ihn meiner Sammlung bei-
zufügen.

Wie in Griechenland, tödtet man auch hier die Schildkröten nicht, und in Folge dessen sind sie in ungeheurer
Anzahl vorhanden. Man trifft bei jedem Schritt Landschild-
kröten, und jeder Fluss, Bach oder Teich wimmelt von
Wasserschildkröten.

Ich begreife wahrlich nicht, warum man diese Thiere
nicht nach Frankreich ausführt, wo sie für eine sehr aus-
gesuchte Speise gehalten und theuer bezahlt werden. Mein
Führer sagte mir, er sei überzeugt, zehn Arbeiter könnten
in kurzer Zeit hunderttausend Schildkröten auflesen.

Als ich am Mittag zu Rinkoi angekommen war, miethete ich für 25 Piaster zwei Pferde zur Reise nach den

Dardanellen, wo ich um 4 Uhr Nachmittags ankam. Ich kehrte in dem einzigen Gasthofe des Ortes ein und nahm ein Zimmer. Von Anstrengung ermüdet streckte ich mich auf dem Bette aus und schlief sofort ein. Kaum aber hatte ich eine Viertelstunde geschlafen, als ich wegen heftiger Schmerzen an Händen, Gesicht und Nacken aus dem Schlafe auffuhr und mich zu meinem grossen Schrecken abermals von Wanzen belagert fand, die ich erst mit vieler Mühe los wurde.

Unglücklicherweise fuhr kein Dampfboot vor dem 21. August nach Constantinopel ab, sodass ich drei Nächte in den Dardanellen zubringen musste.

Um nicht wieder vom Ungeziefer gepeinigt zu werden, nahm ich mein Nachtlager ausserhalb der Stadt auf dem Sande des Meeresufers und liess zwei griechische mit Pistolen und Dolchen bewaffnete Arbeiter bei mir wachen. Den Tag hielt ich mich auf dem nach dem Meere zugehenden Balcon meines Hôtels auf und beschäftigte mich mit Lectüre.

Meinen Aufenthalt in den Dardanellen benutzte ich namentlich zur Besichtigung der reichen Sammlung antiker Vasen und anderer merkwürdiger Sachen des geistreichen und unermüdlichen Archäologen Frank Calvert, welcher dieselbe bei seinen zahlreichen Ausgrabungen gefunden hat.

For EU product safety concerns, contact us at Calle de José Abascal, 56–1°,
28003 Madrid, Spain or eugpsr@cambridge.org.

www.ingramcontent.com/pod-product-compliance
Ingram Content Group UK Ltd.
Pitfield, Milton Keynes, MK11 3LW, UK
UKHW010339140625
459647UK00010B/695